AF356395

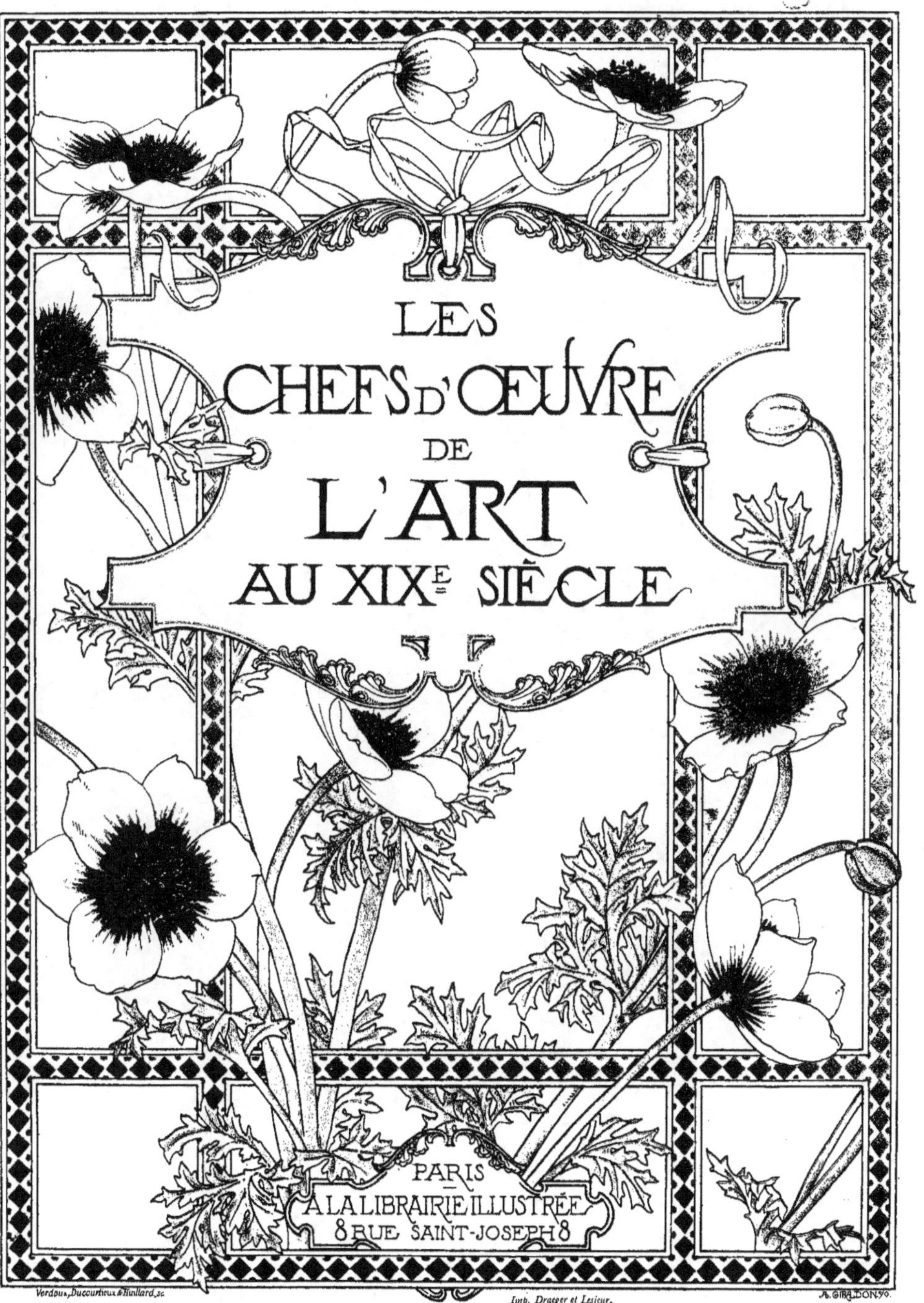

Verdoux, Ducourtioux & Huillard, sc.

Imp. Draeger et Lesieur.

A. GIRALDON 90.

LES CHEFS-D'OEUVRE

DE

L'ART AU XIXE SIÈCLE

La Sculpture et la Gravure

AU XIXE SIÈCLE

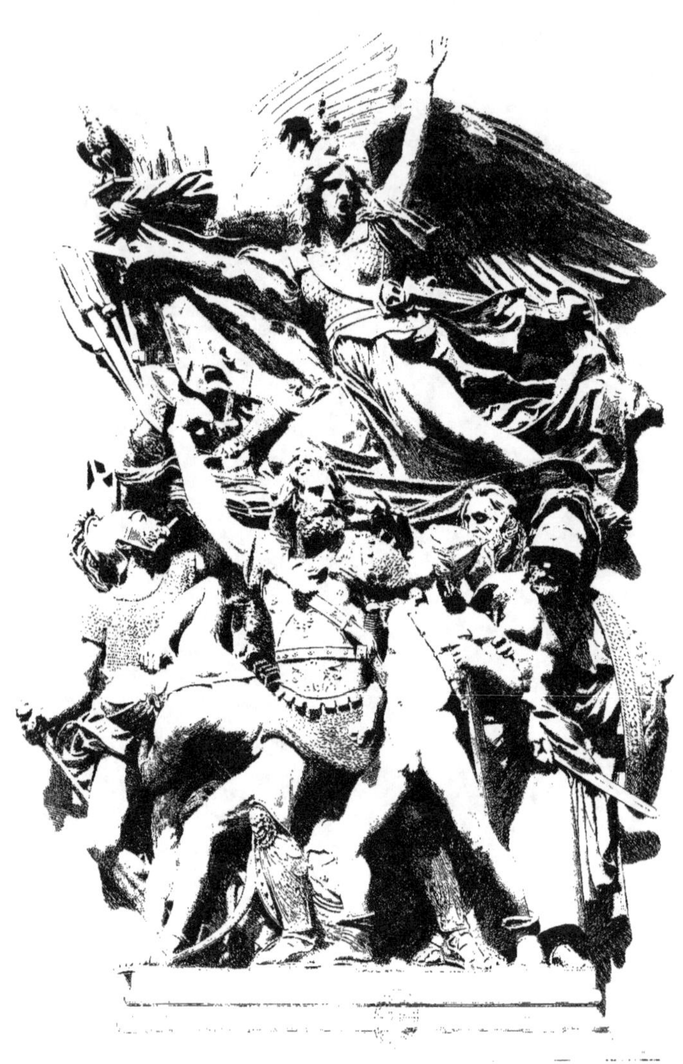

LES CHEFS-D'ŒUVRE

DE

L'ART AU XIXᵉ SIÈCLE

La Sculpture et la Gravure

AU XIXᵉ SIÈCLE

PAR

LOUIS GONSE

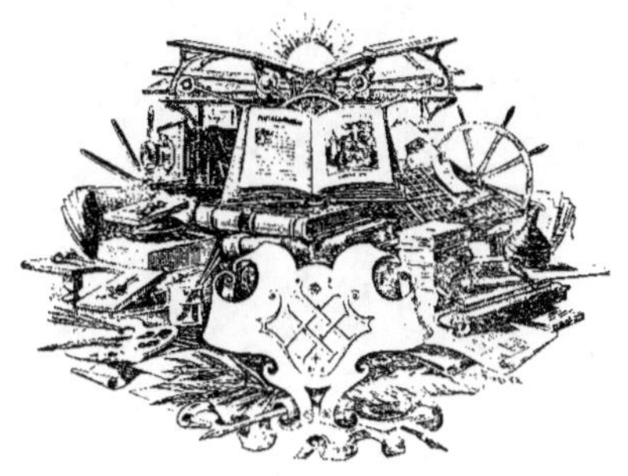

PARIS

A LA LIBRAIRIE ILLUSTRÉE

8, RUE SAINT-JOSEPH, 8

CHEFS-D'ŒUVRE DE L'ART

AU XIXe SIÈCLE

LA SCULPTURE FRANÇAISE

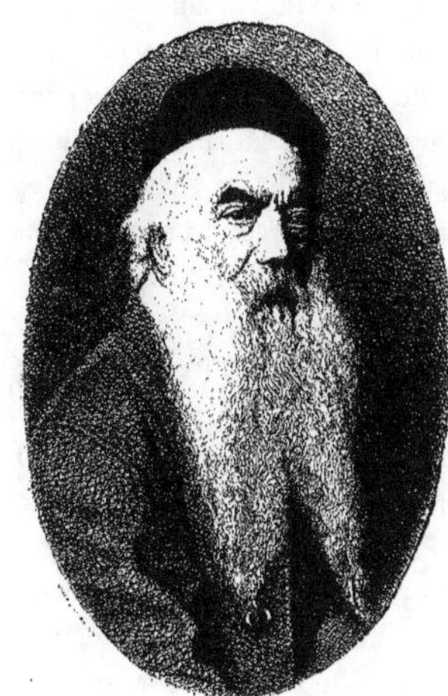

PORTRAIT DE RUDE.

Aussi loin que nous remontions dans l'histoire de notre pays, nous voyons les Gallo-Francs exceller dans la pratique de l'architecture et de la sculpture. De tout temps, ces deux grands arts, ces arts majeurs, en quelque sorte complémentaires l'un de l'autre, la race française les a maniés avec une égale force et un égal génie, avec le même sentiment exquis de la logique, de la mesure et de l'harmonie, avec une continuelle et incomparable originalité. Question de tempérament, de don naturel. La France a produit des architectes et des sculpteurs, comme l'Italie a produit des peintres et l'Allemagne des musiciens ; elle est maîtresse sur ce terrain et sa supériorité y est indiscutable.

Pour l'architecture, depuis Charlemagne, c'est comme une envolée triomphale. Après la prodigieuse floraison de nos magnifiques écoles

romanes de l'Aquitaine, du Poitou, de l'Auvergne, de la Bourgogne
et de la Normandie, apparaît l'art gothique, qui sourd de toutes pièces
du tréfond de notre être, chair de notre chair, sang de notre sang,
et conquiert l'Europe sans coup férir ; puis c'est la Renaissance
française, avec ses élégants châteaux si parfaitement appropriés à
nos mœurs et à notre climat ; puis c'est le style Louis XIII, si décoratif, si coloré, et le style Louis XIV, si noblement pompeux et si fier ;
c'est le style Louis XV, qui inaugure, on sait avec quel éclat, l'architecture intime et familière, et renouvelle sous toutes ses faces l'art du
décor ; c'est le style Louis XVI, si féminin, si délicat dans ses détails,
et si grand parfois dans ses masses ; c'est le style Empire, qui aboutit
à l'un des plus puissants chefs-d'œuvre de l'art de bâtir : l'Arc de
Triomphe de l'Étoile ; c'est enfin l'âge de la construction métallique,
et là encore la France ouvre la marche du progrès et brille au premier
rang. Son libre esprit se montre toujours inquiet de formes nouvelles.

Même processus, mêmes successifs épanouissements pour la
sculpture. Depuis les bas-reliefs d'Orange et le sarcophage de Jovin,
depuis les travaux des derniers Carlovingiens, l'histoire glorieuse de
nos arts plastiques n'a pas d'éclipse. Au Moyen Age elle se trouve
étroitement liée à l'architecture ; elle en suit la structure et le style ;
elle est surtout décorative et ornementale ; mais à partir du xive siècle
et de la prodigieuse évolution naturaliste des règnes de Jean le Bon
et de Charles V, à partir de cet incomparable essor de la statuaire
iconique, dont les Flandres, l'Artois et la Bourgogne sont les foyers
les plus intenses et que Pépin de Huy, André Beauneveu, Claux
Sluter, Claux de Werwe, Antoine Le Moiturier et Jacques Morel portent à un si haut degré de perfection, elle s'individualise et devient
indépendante. Le goût de la Renaissance y ajoute bientôt les grâces
païennes et enrichit son livre d'or de nouveaux chefs-d'œuvre. Les
noms illustres de Michel Colombe, de Jean Goujon, de Germain Pilon
et de Pierre Bontemps sont dans toutes les mémoires. La France n'est
alors surpassée, et durant un siècle à peine, que par l'Italie et ses
admirables écoles de la Lombardie et de la Toscane.

Au xviie siècle les Anguier, Puget, Coysevox, Girardon et Coustou n'ont plus de rivaux ; de même au xviiie. Nos maîtres ornemanistes et nos sculpteurs sont employés par l'Europe entière. C'est sur les robustes assises de ces traditions séculaires que s'établira l'imposant édifice de la sculpture française au xixe siècle.

Au moment où éclate la Révolution, le mouvement inauguré sous Louis XV s'achève avec une majesté tranquille ; il est comme la conclusion logique des prémisses posées sous Louis XIV. Le charme et l'élégance des motifs, la fertilité et la fantaisie de l'invention, l'exquise virtuosité du faire, la morbidesse du modelé, la grâce légère et l'heureux équilibre du sentiment : telles sont les qualités bien françaises qui dominent cette belle période d'activité féconde. Cependant cette habileté de ciseau, cette facilité de pratique et cette matérialité de l'art, si je puis dire, devaient conduire l'École française à un visible amollissement du style, et à une certaine décadence du goût. Moins rapidement et moins énergiquement que pour la peinture, mais inévitablement, une réaction devait se produire au nom des principes qui étaient à l'ordre du jour. Le vent de réforme, qui soufflait sur la société, orienta bientôt vers une autre direction les recherches de nos artistes. Les fouilles d'Herculanum et de Pompéi, les travaux archéologiques de Winckelmann, le philosophisme de Lessing et de Gessner avaient ramené vers l'antique le goût et l'attention des curieux. M. André Michel a fait très justement observer [1] que, dès 1762, le *Mercure* parle avec conviction des monuments des Anciens, tels qu'on peut les admirer encore en Italie ; au même moment Diderot opposait déjà à Boucher « le grand goût, sévère et antique » ; en 1764, Cochin signale à M. de Marigny, « pour la sagesse dans la composition », M. Vien, qui s'intitulait lui-même « le sectateur des Grecs » ; et c'est à Vien qu'en cette même année, Boucher recommandait un de ses jeunes parents, Jacques-Louis David, qui se destinait à la peinture. On pourrait multiplier les exemples. Le retour aux préceptes de l'Antiquité était inévitable ; l'influence de l'Italie se faisait une seconde fois sentir,

---

1. *Gazette des Beaux-Arts*, année 1889, 2e semestre.

non plus par la voie des lettres et de l'humanisme, mais par la captieuse et presque irrésistible exhortation des monuments récemment mis au jour. Une seconde conquête romaine s'étendit alors sur l'Europe et c'est la France qui donna le signal de l'asservissement. Cette réaction était, du reste, en parfait accord avec l'esprit qui régnait dans les milieux politiques ; la Révolution ne fit qu'accentuer et précipiter le mouvement pédagogique préparé par Caylus, par M. de Marigny et le comte d'Angivilliers, en le rendant plus intransigeant, plus étroit, plus absolu. Chose curieuse et sur laquelle l'attention du penseur ne s'est pas suffisamment arrêtée, cette Révolution de 1789, qui bouleversait l'état social et poursuivait l'émancipation des classes au nom d'un droit tout moderne, se réclamait, pour les formes extérieures, pour les formules, les boniments et les parades, des modes antiques. Art, mobilier, costume, tout était à l'antique. La Liberté elle-même coiffait le bonnet phrygien et se drapait dans la chlamyde grecque. Il est à remarquer que, depuis cette date fameuse, l'idée révolutionnaire a toujours fait bon ménage avec l'idée académique. L'art officiel d'aujourd'hui n'est pas pour me démentir. Sous ce rapport la royauté était plus libérale. Le dilettantisme des aristocraties a des tendances plus éclectiques que l'esthétique autoritaire et timide des démocraties, alors que sur tout autre point celles-ci se montrent plus ouvertes, plus hardies, plus libérales, plus affranchies de préjugés.

Mais revenons à 1789. A l'heure où s'annonçait l'aurore politique des temps nouveaux, le bataillon de notre école de scuplture était encore compact. Robert le Lorrain, Bouchardon, Jean-Baptiste Lemoyne, Edme Dumont, les Adam, les Slodtz et l'illustre auteur du *Mercure attachant ses talonnières* et du *Tombeau du maréchal de Saxe*, étaient morts, il est vrai; mais nous avions encore Berruer, Dejoux, Stouf, Boizot, Lesueur, Allegrain, Julien, Roland, Falconet, Clodion, Pajou, Caffieri et le plus grand de tous, Houdon ; Houdon lui-même dans la force de l'âge et du talent. Aussi l'influence toute-puissante de David qui dominait les peintres, vieux et jeunes, se heurta-t-elle davantage, pour les sculpteurs, aux habitudes invétérées

et aux prérogatives des situations acquises Les maîtres que je viens
de nommer, sauf Julien, sur le tard, Roland et Lesueur, restèrent,
malgré tout, dix-huitième siècle; l'hégé-
monie davidienne ne s'imposa véritablement qu'à leurs successeurs[1].

Allegrain, beau-frère de Pigalle, n'était
qu'un artiste de reflet, un ciseau correct,
un peu froid, mais qui a inscrit son nom
sous une œuvre digne de la réputation
qu'elle obtint en son temps : la *Baigneuse*
du Louvre; de même Falconet, qui, malgré
les éloges enthousiastes de son ami Diderot, malgré ses succès à la cour de
Russie et sa colossale statue équestre de
Pierre le Grand, commandée par Catherine, n'est resté qu'un élégant, adroit et
disert compilateur ; de même Julien,
artiste plus convaincu, plus soucieux de la
nature, moins prolixe, qui vivra par une
œuvre charmante, tout animée de grâce
aimable et de naturel, d'une fraîcheur
d'exécution extrême, d'un modelé très souple, la célèbre *Jeune fille à la Chèvre*, qui
avait été commandée par la Reine pour
la laiterie de Rambouillet et qui est aujourd'hui un des ornements de nos magnifiques salles de la sculpture française au
Musée du Louvre.

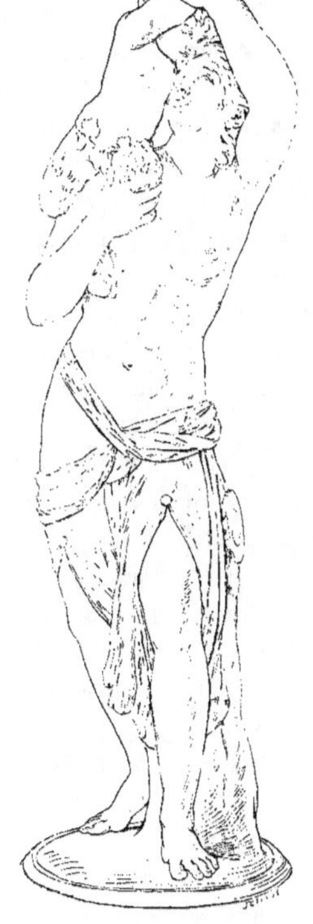

BACCHANTE, PAR CLODION.

Clodion, Pajou et Jean-Jacques Caffieri
demeurent avec Pigalle et Houdon, les individualités saillantes de

1. Le Louvre est à cet égard fort instructif. Il suffit de comparer le vivant portrait
de Suvée, que Roland exécutait en 1788, avec son *Homère* de 1812. De même pour
Lesueur qui, après avoir exécuté le gracieux tombeau de Rousseau à Ermenonville,
s'empêtrait dans le fronton de la cour du Louvre.

notre école de sculpture, durant la seconde moitié du xviii° siècle. Leurs productions sont empreintes d'un caractère personnel qui les distingue entre toutes les autres.

Claude Michel, dit Clodion (1748-1814), élève de Lambert-Sigisbert Adam, son oncle, était né à Nancy. On connaît son adresse à modeler de petits groupes, des statuettes, des vases, de minuscules bas-reliefs où se déroulent les fêtes de l'Amour ; fringantes bacchanales et jeux de satyres, délicieuses terres-cuites pour la plupart, où pétille le meilleur de la grâce et de l'esprit du xviii° siècle, morceaux de boudoir, dessus d'étagères et de cheminées que les amateurs se disputent aujourd'hui au poids de l'or. Son tempérament de décorateur l'a merveilleusement servi dans la composition de ces jeux d'enfants et de scènes allégoriques dont il a décoré plusieurs hôtels et maisons de Paris, témoins ceux qu'il exécuta pour la maison de la rue de Bondy, dépendance de l'hôtel d'Aligre, et pour l'hôtel de Mlle de Bourbon, actuellement hôtel de Chambrun, rue de Monsieur. Le Louvre a recueilli son œuvre la plus considérable, la jolie *Bacchante* de marbre dont nous donnons ici un dessin.

L'art de Pajou (1730-1809) rivalise de délicatesse et de charme provocant avec celui de Clodion ; il suffit de jeter les yeux sur la *Psyché* du Louvre, signée : PAJOU SCULP. ET CITOYEN DE PARIS, 1790, et surtout sur l'exquise *Bacchante entourée d'enfants*, de 1774. C'est du Boucher ennobli, sensibilisé, sur lequel aurait passé l'influence de Rousseau. Dans la *Psyché*, surtout, on aperçoit le reflet des idées ambiantes. « Cette Psyché, dit excellemment M. André Michel, qu'on ferait malaisément passer pour un antique, est un charmant morceau et qui date ; les raies de cœur, les oves et les palmes qui décorent le tabouret sur lequel elle est assise, les flèches et les carquois brodés sur son coussin, les boucles flottantes de sa coiffure qui semble attendre un bonnet aux couleurs nationales, la souplesse opulente de sa gorge dont elle a dû enlever, avant de se poignarder, le grand tissu de gaze soufflée, — la nuance même de sa douleur, — tout est délicieusement dans le style, le goût et les idées du temps. » Pajou regardait la nature

avec un sentiment personnel très délicat; il mania le portrait avec une
rare habileté, et quelques-uns de ses bustes peuvent être comparés,

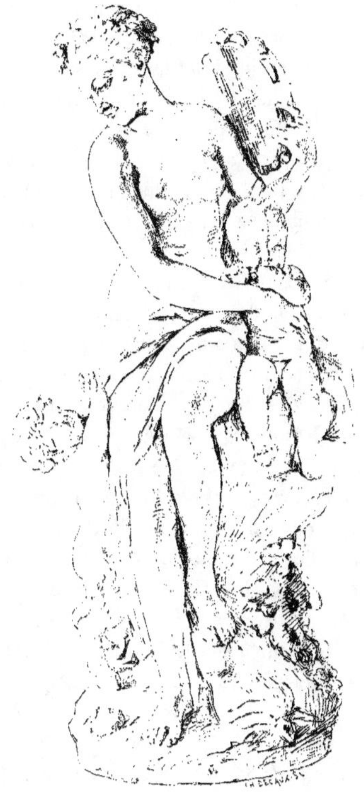

BACCHANTE, PAR PAJOU.

pour le fini, la ressemblance et la savoureuse exécution, à ceux de
Houdon. Tout le monde a admiré au Musée du Louvre le charmant buste de la Du Barry. Ceux de Carlin Bertinazzi à la Comédie-

Française, de Buffon au Louvre, de Grétry au Théâtre de Liège, et d'autres que l'on pourrait citer, sont des œuvres de maître.

De cette belle famille d'artistes qui ont illustré le nom de Caffieri, Jean-Jacques émerge par le feu, l'originalité, le génie, qu'il a su mettre dans la traduction du visage humain. Ses portraits-bustes sont une des gloires de la statuaire française ; ils ont au plus haut degré le nerveux du style et la force de l'expression. Pourquoi ne l'avoue-rai-je pas ? je trouve qu'ils serrent de plus près la vérité morale et intime, affirment avec plus de naïve bonhomie le détail plastique, la substance solide du modelé que ceux mêmes de Houdon. Certains bustes de Caffieri touchent, selon moi, au sommet de l'art du portrait, et comme j'estime que l'étude de la physionomie humaine est un des plus beaux thèmes qui s'offrent à l'artiste, on peut en inférer que je tiens Jean-Jacques Caffieri en admiration toute particulière. Malheu-reusement, ce n'est pas au Louvre qu'il faut le chercher ; c'est au foyer de la Comédie-Française que vous trouverez les chefs-d'œuvre de l'artiste, les admirables bustes de Jean-Jacques Rousseau, de Piron (1775), de Rotrou (1783), de Du Belloy (1789), menacés de disparaître un jour, avec le *Voltaire* de Houdon, dans quelque incendie, comme le buste de Quinault, de Rameau et de Lully ont disparu dans l'incendie de la salle de la rue Le Peletier.

A ne considérer que la date de sa mort, Houdon appartiendrait tout entier à la sculpture du siècle, car il n'est mort qu'en 1828. Mais en 1789, l'illustre sculpteur avait déjà produit ses morceaux les plus caractéristiques, ses plus nobles et ses plus accomplis chefs-d'œuvre : le *Saint Bruno* de Sainte-Marie-des-Anges, le buste de *Gluck,* la *Diane,* le buste de *Molière,* le *Maréchal de Tourville,* la *Frileuse,* le *Voltaire assis,* le buste du *Bailli de Suffren.* Avec la *Diane,* le *Voltaire* et le *Suffren,* Houdon allait droit à l'immortalité. La place que ce gran-dissime artiste occupe dans l'histoire de la sculpture au xviiie siècle et qu'il maintient encore durant les premières années du xixe [1], m'oblige

1. Pour de plus amples détails, je renvoie aux excellentes notices de MM. de Montaiglon et Duplessis, et de MM. Délerot et Legrelle. M. André Michel a également

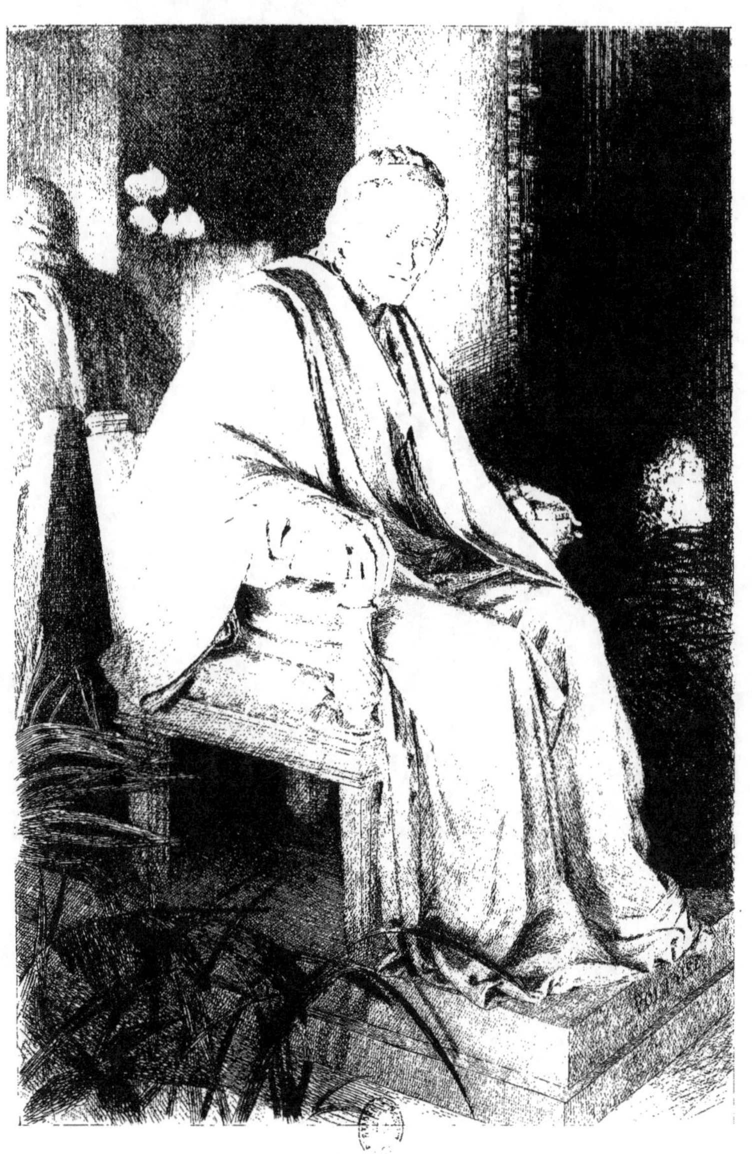

à lui accorder une notice de quelque étendue. Jusqu'à Rude nous ne retrouverons pas d'aussi grande figure.

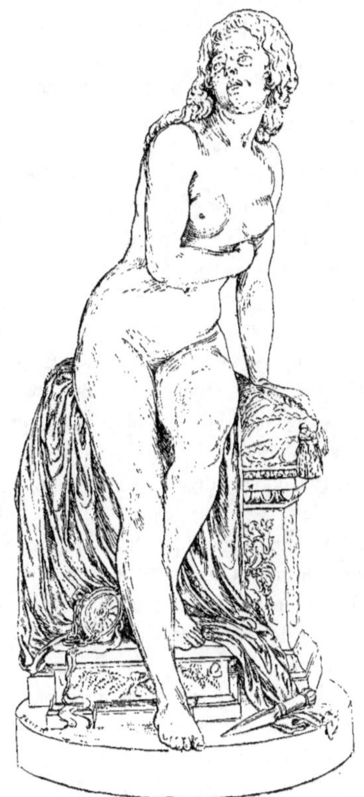

PSYCHÉ, PAR PAJOU.

Houdon est dans la force du terme un tempérament et exclusi-

publié un article fort intéressant, dans le *Journal des Debats* du 28 juin 1891, à l'occasion de l'inauguration de la statue de Houdon à Versailles, et un certain nombre de notes inédites dans le volume des *Beaux-Arts à l'Exposition de 1889*, publié par la *Gazette des Beaux-Arts*.

vement un tempérament de sculpteur. Les théories d'école et le dogmatisme d'enseignement n'ont que peu de prise sur sa nature vive, toute de feu et de primesaut. On le voit par sa vie, par la pente naturelle de son génie, par ses œuvres.

Houdon était né à Versailles, en 1741. On aime à penser qu'il prend le goût de la sculpture en jouant, dès sa naissance, dans les bosquets peuplés de statues, autour des groupes de bronze et de marbre qui animent les parterres du grand roi et font scintiller leurs belles formes sous le soleil; il est plus juste, cependant, de croire que c'est dans la loge de l'École des élèves protégés, dont son père avait été nommé concierge, qu'il prend la passion du dessin. Circonstances extérieures, je le reconnais, mais qui, sur une âme aussi sensible que celle du jeune Houdon, devaient avoir une influence décisive. Il n'a auprès de lui ni exemples ni conseils pour décider de sa vocation; c'est bien de lui-même, par véritable entraînement, qu'il se voue à la carrière du sculpteur et entre dès l'âge de douze ans à l'École royale de Sculpture. A quinze ans, le 25 septembre 1756, il obtient une troisième médaille d'académie; ses maîtres étaient Pigalle et Jean-Baptiste Lemoine. A vingt ans il remporte le prix de Rome et part pour l'Italie. Fort heureusement, les modèles qu'il a sous les yeux et qui ont dévoyé tant de jeunes talents ne lui ôtent rien de ses qualités de race; il ne voit pas plus Michel-Ange que le Bernin ou que le Maderne. Il est tout entier à son travail solitaire vis-à-vis de la nature, en lutte avec l'ouvrage qu'il a choisi comme pensionnaire, je veux parler de son étude d'*Écorché*, morceau devenu classique dans les écoles de dessin. Sa réputation naissante lui vaut, fortune inespérée pour un étudiant de passage, une commande importante. C'est pendant son séjour dans la Ville éternelle qu'il exécute son grand *Saint Bruno* de l'église des Chartreux, aujourd'hui Sainte-Marie-des-Anges, statue déjà pleine de vie et de mouvement, où, à l'exemple de Mellan, quand il dessine à Rome quelque figure de saint ou de sainte, il se laisse aller par un penchant secret, à faire le portrait d'un des moines qui l'entourent. Au bref, cette expressive et touchante statue dont on peut voir un moulage au Trocadéro, est un chef-d'œuvre, et d'un caractère de vérité qui tranche avec éclat sur les fadeurs alanguies qui ont cours en Italie. « Elle parlerait, s'écrie le pape Clément XIV, si la règle de son ordre ne lui prescrivait le silence. » Quelques années après, le nom du jeune artiste français était déjà oublié des *ciceroni* qui l'avaient remplacé par celui de Legros; il fallut l'admiration de Canova pour restituer à cette superbe création le nom de son véritable auteur.

Revenu à Paris, Houdon se présente sans retard à l'Académie, avec une figure de *Morphée* qu'il avait sans doute préparée à Rome. Il y est reçu par acclamation en qualité d'agréé, le 23 avril 1769. Le marbre de ce joli morceau, exécuté huit ans plus tard, comme morceau de réception, est aujourd'hui au Musée du Louvre; le travail, dans les parties du nu, est d'une suprême délicatesse. Comme virtuose du ciseau, Houdon n'a déjà plus rien à apprendre. L'année 1771 marque le premier contact avec le public. L'artiste expose plusieurs bustes et notamment celui de *Diderot*, qui, ainsi que le remarque très justement M. de Montaiglon, « inaugure la série des chefs-d'œuvre par lesquels Houdon nous a légué la ressemblance des grands hommes de son temps ». Il sera jusqu'à la fin le sculpteur iconique, un des maîtres du portrait dans tous les temps, un scrutateur passionné de la figure humaine. Imaginer lui semble une ingrate besogne. Il va à la substance même de son métier et veut la nature devant lui, toujours la nature, cette divine maîtresse du véritable artiste; et dans la nature il choisit ce qu'il y a de plus beau, de plus noble, de plus divers : le visage humain. « Copiez, copiez toujours et surtout copiez juste! » dit-il à ses élèves. Cette série de bustes — près de deux cents! — qu'il commence avec le *Diderot*, il va la poursuivre avec une infatigable ardeur, jusqu'au jour où sa main défaillante quittera l'ébauchoir.

Les chefs-d'œuvre se succèdent sans interruption; chaque année en voit éclore quelque nouveau. Ce sont, à ne citer que les plus fameux : le *Gluck*, le *Turgot*, le *Caumartin*, le *Franklin*, tous les *Voltaire*, avec ou sans perruque, le *Buffon*, le *La Fayette*, le

Washington, le *Necker*, le *Mirabeau*, l'*Abbé Aubert*, celui-là même
que La Tour avait immortalisé, *M*^me *de Jaucourt*, *Sophie Arnould*,
et, dans l'époque qui nous occupe, le ravissant buste de *M*^me *Récamier*,
rendu malheureusement trop banal par la mise dans le commerce
de surmoulages au rabais. Le *Molière* de la Comédie-Française est
le plus universellement admiré; il faut reconnaître qu'il est plein
de feu, d'un modelé savoureux, d'une pratique infiniment souple;
mais le *Suffren*, exécuté pour la Compagnie des Indes Orientales,
l'emporte peut-être encore par la fierté de l'accent et l'élévation du
style. Il appartient au Musée de La Haye, où il est relégué dans un
coin obscur. Sa beauté rayonne en dépit de tout; rien ne se peut con-
cevoir de plus expressif et de plus vivant.

A part quelques fantaisies passagères, comme le petit groupe du
Baiser, popularisé par le commerce, et les charmantes figures de
marbre de la *Frileuse* et de l'*Été*, données par Creuzé de Lesser au
Musée de Montpellier, Houdon, en toutes ses commandes, cherche le
côté humain. Même dans sa merveilleuse *Diane*, qu'il exécuta en
1783 pour Catherine II et qui est aujourd'hui la gloire du Musée de
l'Ermitage, il se souvient, pour la tête, des traits de Mlle Odéoud,
dont il venait de faire le buste[1]. Ses grandes figures en pied: le
Maréchal de Tourville (Musée de Versailles), le *Voltaire debout et
drapé* (Panthéon), le *Washington*, commandé par les États de Virginie
pour le Capitole de Richmond, le *Napoléon* destiné à la colonne de
Boulogne, plus tard fondu pour fournir du métal au *Henri IV* du
Pont-Neuf, et même le *Joubert* du Salon de 1812, sont par beaucoup
de côtés d'excellents portraits. A plus forte raison le *Voltaire assis* de
la Comédie-Française, que l'artiste a préparé sur le vif.

Nous touchons ici à l'un des sommets de l'art. Cet ouvrage illustre
est non seulement le chef-d'œuvre de Houdon, mais l'un des chefs-

---

1. Le Louvre possède un des deux exemplaires en bronze de cette figure célèbre.
Malheureusement, un moulage récent en a altéré la délicate patine et lui a fait perdre
une partie de son charme. Dommage d'autant plus regrettable, que Houdon était, comme on
sait, un admirable fondeur et qu'il donnait grande attention à ses patines.

d'œuvre de la statuaire iconique, au rang du *Philippe le Hardi* de
Claux Sluter, du *Colleone* du Verrocchio, du *Birague* de Pilon, du
Monge de Rude ; supérieur même à ces créations sublimes par

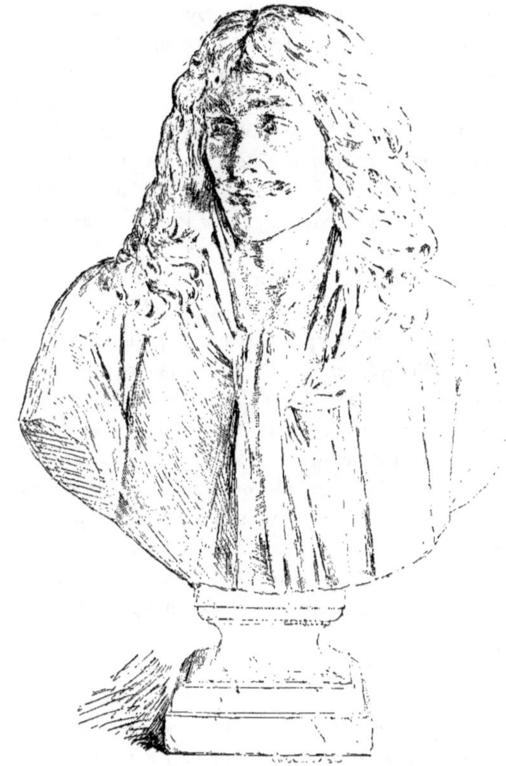

BUSTE DE MOLIÈRE, PAR HOUDON.

l'esprit de la touche, le charme incomparable de l'exécution et ce je
ne sais quoi de fugace qu'on pourrait appeler le frisson de la
chair. Ici tout parle, tout s'anime sous le ciseau, tout concourt à un

effet surprenant de vie intense et familière. L'œuvre est connue et l'eau-forte de M. Géry-Bichard est sous les yeux du lecteur. Mais qui, du reste, n'a contemplé l'original dans ce foyer de la Comédie-Française qu'il illumine de son sarcastique sourire? Qui n'a vu le maigre vieillard courbé par l'usure de l'âge, le corps enveloppé de sa douillette? Qui n'a vu ses mains tremblantes posées sur l'appui du fauteuil, ce visage extraordinaire où la vivacité du regard s'accuse comme une flamme? Qui n'a présente à la mémoire cette vision inoubliable? Le marbre du *Voltaire assis* figura au Salon de 1781. Il est le développement de la maquette en bronze doré, aujourd'hui au Musée de l'Ermitage, qui avait été exposée en 1779. Primitivement destiné à l'Académie française il avait été commandé par Mme Denis, la nièce de Voltaire; celle-ci, qui avait eu à se plaindre des railleries des encyclopédistes lors de son mariage avec Duvivier, l'offrit à la Comédie. Malgré les efforts de l'État pour mettre la main sur un monument d'une si rare valeur, le philosophe de Ferney est toujours resté au milieu des comédiens, d'abord sous le vestibule d'entrée, maintenant dans le grand foyer, entouré des bustes de Molière, de Piron, de Musset, de la statue de Talma et de Mme Sand, et de toutes ces œuvres d'art qui font de la Comédie-Française un des plus beaux musées de Paris.

Houdon, par la variété de ses aptitudes, par la souplesse de son génie et par la longueur même de sa carrière, se trouve être comme un pont jeté entre deux siècles, entre deux mondes, si je puis dire, l'un qui achève avec lui sa glorieuse carrière, l'autre qui se lève éclatant sous ses yeux. Si Houdon, par les qualités de son exécution généreuse et vive, par la grâce fleurie de son style appartient au xviiie siècle; par son ardent amour de la vérité, par son souci du modèle intime et familier, par son sentiment des choses vécues et son aptitude à « faire parler » le marbre, il prépare le mouvement naturaliste du xixe siècle. L'auteur du Voltaire en robe de chambre est l'ancêtre direct de Rude, de Carpeaux, de Falguière et de toute notre école moderne[1].

1. Il n'est pas sans intérêt de rappeler que la meilleure et la plus vivante représen-

*
* *

Mais voici que, tout à coup, résonne un bruit formidable. La réaction prédite par les philosophes éclate dans les mœurs, dans la

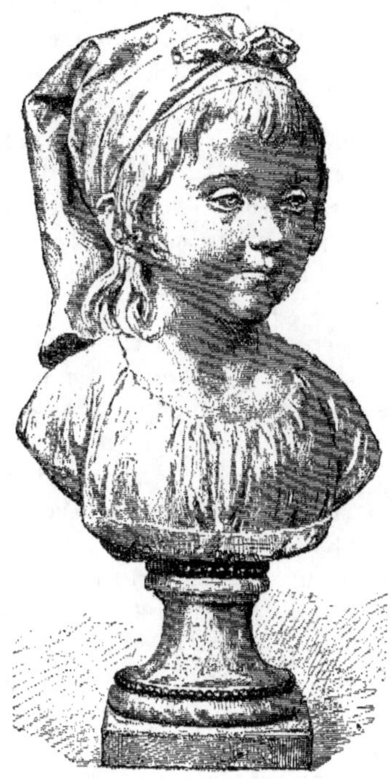

littérature, dans les arts et fait chanceler l'édifice social sur

tation de la figure de Houdon qui nous soit parvenue fait partie de l'admirable suite de petits portraits exécutés sur nature, par Boilly, pour le tableau représentant l'*Atelier d'Isabey*. Parmi ces vingt-sept études que possède aujourd'hui le Musée de Lille, je note ceux de Chaudet, de Lemot, de Percier, de Taunay, d'Isabey, de Gérard, de Girodet, de Carle Vernet.

ses bases. Au milieu des plus terribles commotions, une génération nouvelle, sortie du peuple, monte à l'assaut du passé, toute férue
d'admiration pour les traditions classiques et les formules de l'antiquité romaine. Singulière antithèse! On ne rêve que liberté, affran-
chissement, et l'on s'adresse aux souvenirs, aux exemples du pouvoir
le plus absolu qui ait existé! Dans cet effondrement, surgit un homme,
pédagogue inflexible, puissant par le talent, par la volonté, par la
rigueur des idées qu'il représente; cet homme, ami de Robespierre et
ensuite familier de Napoléon, on l'a nommé, c'est David. Il prend
d'emblée la tête du mouvement, lui donne son impulsion, le dirige
pendant la période révolutionnaire comme sous l'ère impériale. Il est
le peintre officiel, celui dont le goût fait loi, le dieu qui, entouré
d'une pléiade d'élèves, a seul droit d'être écouté. Si, en peinture,
champ plus vaste, il subsiste quelques cœurs indépendants, quelques
âmes libres qui cherchent la vérité dans leur propre fonds, comme
Prud'hon, comme Gros; en sculpture il n'en va pas ainsi, car aux
doctrines de l'auteur de l'*Enlèvement des Sabines*, bréviaire de tous
les néophytes, vient s'ajouter une influence toute-puissante, venue de
l'étranger, celle de Canova. Le mouvement, en effet, n'est pas limité
à la France, il gagne l'Europe entière. Une nouvelle Renaissance, se
réclamant des principes gréco-romains fait table rase de tout ce qui
avait cours durant le siècle précédent. L'immense renommée de
Canova, qui, par deux fois, est appelé à Paris, et qui a toute la faveur
de l'Empereur, achève ce que l'enseignement de David avait si bien
préparé. Joignez-y encore, pour la décoration, l'action dominatrice
de Percier, adaptateur merveilleusement fécond et ingénieux de ce
style néo-pompéien qui est communément dénommé *style Empire* et
que l'engouement de nos amateurs vient de remettre à la mode, pensez
à des bronziers comme Thomire, à des ébénistes comme Jacob et
vous aurez une idée du caractère très particulier que prend l'art de
cette époque.

Le talent ne manque pas, la France en est toujours prodigue ; mais
la veine d'invention de la race s'est refroidie brusquement dans

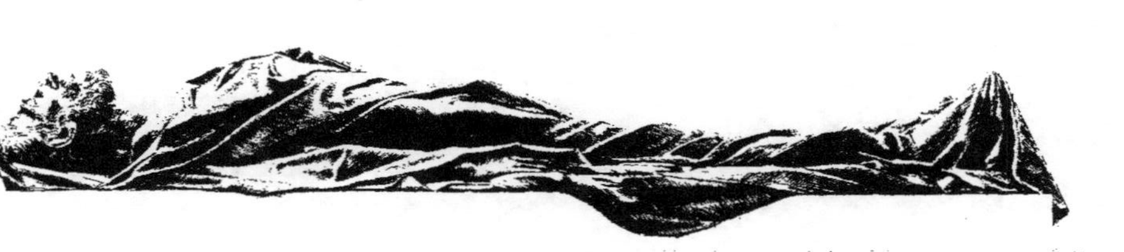

A

GODEFROY CAVAIGNAC

H. Guérard sc

cette imitation emphatique et voulue des Anciens ; sauf dans le portrait, où notre école conserve toujours sa verdeur séculaire et sa

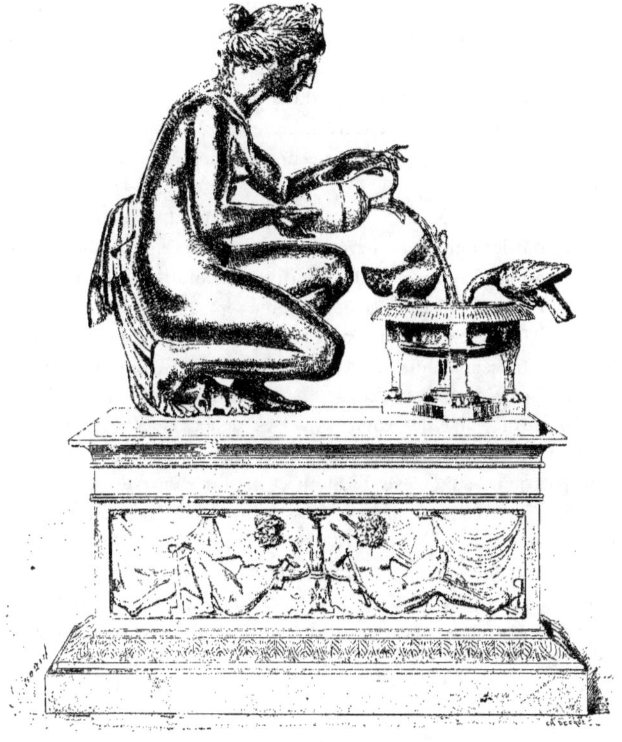

CHENET EN BRONZE, EXÉCUTÉ PAR THOMIRE,
POUR LA PRINCESSE ÉLISA.

naturelle sincérité, tout semble marcher d'un pas guindé et solennel.
Ceux qui n'ont qu'une honnête moyenne de talent, et c'est le cas de
presque tous les sculpteurs du temps, semblent figés dans cette atmosphère académique ; voyez au Louvre les témoignages accablants de

cette oblitération du sens de la vie, voyez les œuvres glacées de
Callamard, de Milhomme, de Lemire, de Debay, de Deseine, de
Moitte, de Roman, des deux Bridan, de Ramey père et autres gens à
casque. Quelle vaine et creuse rhétorique d'atelier, aujourd'hui impos-
sible à comprendre ! Ceux mêmes que la nature a favorisés de dons
plus nombreux émergent à peine du commun niveau, et cependant
des artistes comme Chaudet, Cortot, Cartellier, Lemot, Bosio auraient
pu, en d'autres temps, marquer leurs productions d'une véritable
originalité.

Chaudet, qui est avec Canova le statuaire officiel, est un homme de
valeur, dont les œuvres, malgré leur raideur conventionnelle, méritent l'attention, d'autant qu'elles sont peu nombreuses. Né à Paris en
1763, il meurt en 1810, à l'âge de quarante-sept ans. Il avait remporté
le prix de Rome en 1784 et avait été nommé de l'Institut en 1805. Le
grand prix décennal lui fut accordé, après sa mort, pour la statue de
Napoléon, en César, qui occupa le sommet de la colonne Vendôme
jusqu'en 1814. Chaudet était, sous ses dehors de commande, un
sculpteur délicat, sensible aux gracilités féminines, qui, au fond, n'ou-
bliait pas qu'il était élève de Stouf et fils du xviii⁰ siècle. Il a su
ajouter un charme personnel à la fausse sensiblerie qui était à la mode
du jour. On peut s'en convaincre par ses groupes de la *Sensitive*, de
Paul et Virginie, d'*Œdipe rappelé à la vie par le berger Phorbas* et
surtout par sa jolie statue de l'*Amour*, du Musée du Louvre, sa
meilleure œuvre. Son beau buste de *Napoléon*, qu'il exécuta pour le
cabinet de l'Empereur, est aujourd'hui au Musée d'Arras.

Je regretterais d'oublier, parmi les élèves les plus distingués de
Chaudet, ce Valois qui a exécuté les sculptures de la fontaine de la rue
Censier et le bas-relief de *Léda* de la fontaine de la rue du Regard,
maintenant adossé à la fontaine Médicis, au Luxembourg.

Cartellier, élève de Bridan l'aîné, est à l'opposé de Chaudet; c'est
un bœuf au labour, toujours au travail; un modèle de volonté per-
sévérante, de probité professionnelle, un maître écouté, susceptible
d'indépendance vis-à-vis des théories en faveur, et capable, à l'occasion,

de secouer le joug du poncif pour donner corps à une belle pensée de sculpteur, témoin son bas-relief du *Char de la Gloire*, au-dessus de la porte du Louvre, ou son *Vergniaud à la tribune*, du Salon de 1808. Cartellier avait, du reste, le sens du moderne et il a touché à plusieurs

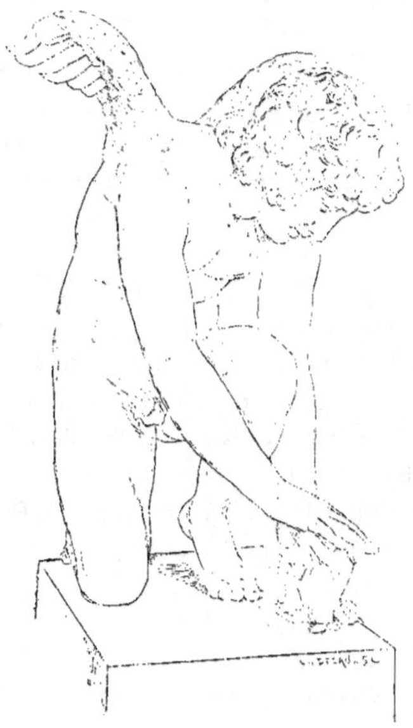

L'AMOUR, PAR CHAUDET.

reprises au portrait avec une réelle intelligence. Il suffit de rappeler les statues du roi de Hollande en costume de connétable, et du général Pichegru à Versailles, du général Valhubert à Avranches, de Vivant-Denon au cimetière de l'Est, de l'impératrice Joséphine à Rueil, de Louis XV à Reims. Rude, son élève, lui doit assurément beaucoup, et c'est là un éloge qui compte.

Le sens du moderne ! Voilà un mot pour surprendre quand on

parle de l'art du premier Empire. Eh bien! en cette France, terre
bénie du portrait, il ne sert à rien de déchaîner contre lui les foudres
du classicisme, de le traquer, de le pourchasser au nom d'une vaine
philosophie : il reparaît toujours. Notre sentiment instinctif de l'observation triomphe de tous les sophismes. C'est lui qui dirige la main
des artistes modelant les bas-reliefs et les trophées de la colonne
Vendôme, d'un caractère si contemporain ; c'est lui qui anime d'un
fin souci de l'histoire les charmants bas-reliefs du petit arc de triomphe
du Carrousel, dû à la collaboration de Percier et Fontaine [1] ; c'est
lui qui prêtera tant de grandeur à la décoration de l'Arc de l'Étoile ;
c'est lui enfin qui maintient dans l'exécution des bustes quelques-unes
des belles qualités du XVIII° siècle (bustes de *Joseph Vernet*, par
Boizot, de *Marceau* par Dumont), et qui, à côté de l'*Épaminondas* de
Bridan, de l'*Homère* de Roland, du *Mercure* de Debay ou de l'*Inno-
cence* de Callamard, de toutes ces indigentes compositions, navets
prétentieusement ratissés, jette de-ci de-là de consolantes lueurs.

Ce respect de la vérité historique et du détail vivant, on le
retrouve par bouffées chez Lemot, qui modèle une jolie figure de
femme couchée, intitulée la *Contemporaine ;* chez Dupaty, dans sa
Biblis, et, un peu plus tard, chez l'académique Cortot et même chez
l'abondant et facile Bosio.

Lemot, de Lyon, était élève de Dejoux. Il avait enlevé le grand
prix de Rome de la sculpture, en 1790, à l'âge de 19 ans. En 1805, il
est de l'Institut, comblé d'honneurs, et partageant avec Chaudet,
Cortot et Cartellier les commandes officielles. Avec du savoir-faire
et quelque talent on va vite à cette époque. Lemot avait beaucoup de
l'un et de l'autre. On lui doit le bas-relief allégorique de la tribune

---

1. On sait que l'attique de ce monument, qui est en son genre un bijou, est cantonné
de huit figures de soldats en costumes du temps représentant les différentes armes de
l'armée impériale ; les quatre faces sont décorées des six bas-reliefs suivants : la *Bataille
d'Austerlitz*, par Espercieux ; la *Capitulation d'Ulm*, par Cartellier ; l'*Entrevue de Tilsitt*,
par Ramey père ; l'*Entrée de l'armée française à Munich*, par Clodion ; l'*Entrée à Vienne*,
par Deseine, et la *Paix de Presbourg*, par Lesueur. Le char qui couronne l'édicule est
de Bosio, il a remplacé les chevaux de bronze rendus à la ville de Venise en 1814.

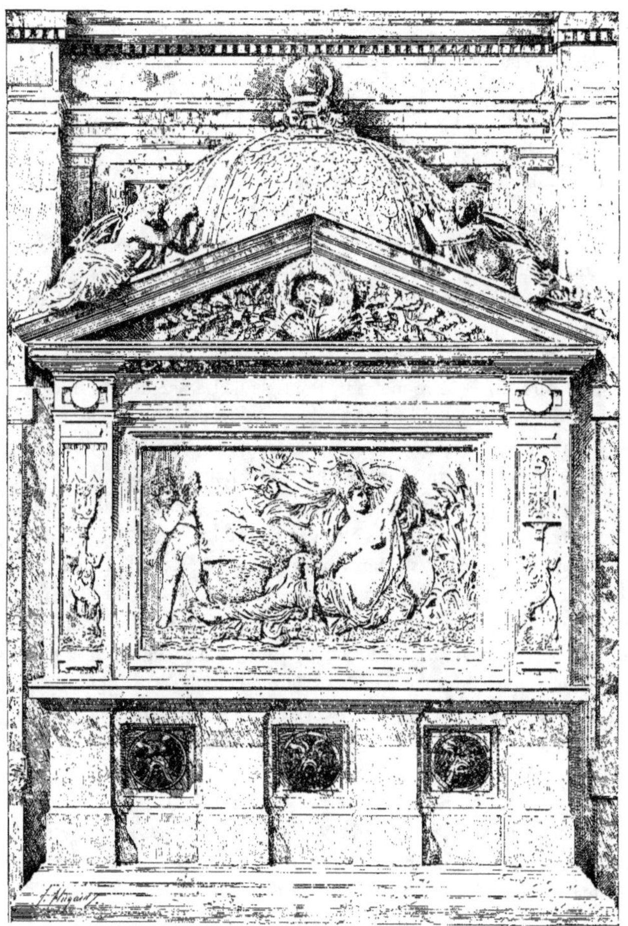

LÉDA, BAS-RELIEF, PAR VALOIS.
(Revers de la fontaine Médicis, au Luxembourg.)

de la Chambre des Députés, le grand fronton de la colonnade du Louvre, la statue équestre de Louis XIV sur la place Bellecour, à Lyon, et surtout la statue de Henri IV au Pont-Neuf, à Paris. Lemot mourut baron de l'Empire, en son château de Clisson, dont il avait restauré les ruines.

La statue de Henri IV fut érigée au début de la Restauration, en 1817, avec le produit d'une souscription publique ; elle était destinée à remplacer la figure de Henri IV sculptée par Dupré, en 1635, et détruite en 1792, pour faire des canons. L'œuvre de Lemot est trop connue pour qu'il soit nécessaire de la décrire ; c'est un morceau estimable, étudié avec le plus grand soin et qui, s'il ne peut prétendre à réparer la perte du chef-d'œuvre de Dupré, fait, du moins, fort bonne figure sur le terre-plein du Pont-Neuf. La tête est inspirée des gravures et des médailles du temps, peut-être aussi du délicieux chef en bronze du Musée des Monuments français ; c'est dire qu'elle est idéalisée et s'éloigne du buste réaliste, aux longs cheveux collés sur les tempes, au profil busqué, que nous révèle la cire du château de Chantilly, modelée sur le cadavre par Dupré lui-même.

Dupaty, de Bordeaux, était l'élève préféré de Lemot. Il avait été chargé en 1816 de faire la statue équestre de Louis XIII qui devait remplacer la statue érigée, place Royale, par le cardinal de Richelieu et détruite en 1792, comme toutes les œuvres du même genre, pour alimenter la fonte des canons. Mais le meilleur morceau de Dupaty est sûrement sa *Biblis* du Louvre. Le sculpteur Suchetet s'en est, je suppose, souvenu lorsqu'il a composé sa délicieuse *Biblis changée en source*, du Musée du Luxembourg.

Au point de vue de l'art, les règnes de Louis XVIII et de Charles X sont le prolongement de celui de Napoléon ; ce sont les mêmes goûts, les mêmes doctrines, un peu plus appauvries seulement ; l'académisme règne toujours en maître dans les régions où l'on dispose des faveurs. Les deux époques ne peuvent être séparées l'une de l'autre, et la génération plus jeune des Cortot, des Bosio et des Foyatier est soumise encore à la discipline de l'idée davidienne.

C'était le bon temps pour ceux qui suivaient la filière classique. Le prix de Rome, l'Institut, tout arrivait à point avec les commandes administratives. Cortot, sous ce rapport, a été un des élus de la fortune. Pendant la Restauration, il a partagé avec le baron Bosio les travaux lucratifs. Il avait du talent, un talent solide et bien équilibré. Ses œuvres sont légion. Il travaille au Palais du Louvre, à l'Arc de Triomphe de l'Étoile où nous le retrouverons en parlant de Rude ; il collabore au monument de Malesherbes, composé par Bosio et érigé dans la salle des Pas-Perdus du Palais de Justice ; il exécute un des groupes de la Chapelle expiatoire de la rue d'Anjou, curieux monument dont la décoration, exécutée sous la direction de Fontaine, caractérise si bien le style de l'époque ; nous le voyons à la cathédrale d'Arras pour un groupe de la *Vierge avec l'Enfant ;* à l'église de Notre-Dame-de-Lorette, à Paris, pour la *Pietà* en bronze du maître-autel ; à Rouen, pour la statue de *Corneille ;* à Calais, pour un *Eustache de Saint-Pierre ;* à Lectoure, pour un *Montebello.* Il est l'auteur du *Soldat de Marathon* autrefois aux Tuileries, du joli groupe de *Daphnis* et *Chloé* du Musée du Louvre et des sculptures du tombeau de Casimir Périer, au Père-Lachaise. Que sais-je encore ? Tout cela, assurément, s'inspire des formules classiques ; mais, même en faisant la part de ce qu'il y a de voulu dans cet art de convention, le *Soldat de Marathon,* pour ne citer qu'un exemple, est une étude de nu supérieurement conduite.

Il en est de même de Bosio, dont la souple main se prête à toutes les besognes. Bosio était de Monaco, c'est-à-dire à demi Italien, rempli de savoir-faire, de finesse et d'entregent. Il était fort doué pour la pratique du marbre et quelques-uns de ses morceaux, comme la *Salmacis* du Louvre, font souvenir qu'il était élève de Pajou. Il signait volontiers : F. Bosio, PREMIER SCULPTEUR DU ROI. Il maniait tous les genres avec une égale facilité, passant du *Louis XIV* de la place des Victoires au *Henri IV enfant* du château de Pau, dont le Louvre possède une précieuse répétition en argent ; abordant tour à tour le sujet antique et le sujet moderne. Ses bustes jouissaient d'une universelle réputation et toute la cour de Napoléon a posé devant lui, depuis l'Empereur jusqu'à la belle Pauline Borghèse. Rien ne lui a manqué, ni les honneurs, ni la fortune, ni une longue et honnête vie. Ses œuvres malheureusement portent la marque du temps et ceci suffisait à les rendre caduques. Bosio est mort en 1845, à peu de distance de Cortot.

Tout autre est Pierre-François-Grégoire Giraud, que vient de nous révéler l'admirable cire du Louvre. Curieuse figure, ce Giraud! C'est celle d'un original, d'un indépendant, devant laquelle on a d'autant plus de plaisir à s'arrêter que l'homme, comme l'artiste, était resté jusqu'ici à peu près inconnu. Il a fallu l'entrée, dans notre grand Musée, d'un monument de la plus haute valeur, pour ramener l'attention sur un sculpteur qui n'avait jamais cherché la popularité et qui, cependant, à plus d'un titre, était bien digne d'intérêt. Son principal mérite à mes yeux, est que, dans un milieu d'art asservi à une doctrine impérieuse, il a su rester libre, désintéressé, s'en allant solitaire dans le chemin qu'il s'était choisi. Quand je dis solitaire, ce n'est pas tout à fait juste, car ils étaient deux qui marchaient côte à côte, le maître et l'élève, tous deux, coïncidence bizarre, portant le même nom, et tous deux Provençaux, sans être de la même famille : Jean-Baptiste Giraud, d'Aix-en-Provence, et François-Grégoire Giraud, du Luc, près de Draguignan; tous deux aussi ils vécurent de longues années en Italie, étudiant et comparant les chefs-d'œuvre de la statuaire, y cherchant avec enthousiasme l'étincelle de vie qui les anime [1].

Jean-Baptiste Giraud, qui jouissait d'une grosse fortune, avait fait exécuter en Italie une quantité considérable de moulages qu'il avait rapportés à Paris et qu'il avait mis généreusement à la disposition des artistes dans son hôtel de la place Vendôme. Il publia, à cette occasion, un mémoire intitulé : *Musée olympique de l'école vivante des Beaux-Arts*. C'est dans ce petit cénacle, où se retrouvaient de fins esprits, comme le comte de Clarac, Granet, Édouard Gatteaux, le

1. Consultez sur les Giraud la notice de Niel et surtout l'excellent article que M. Courajod a consacré dans la *Gazette des Beaux-Arts* à ces deux remarquables personnalités (T. V, 3e pér., p. 307-318).

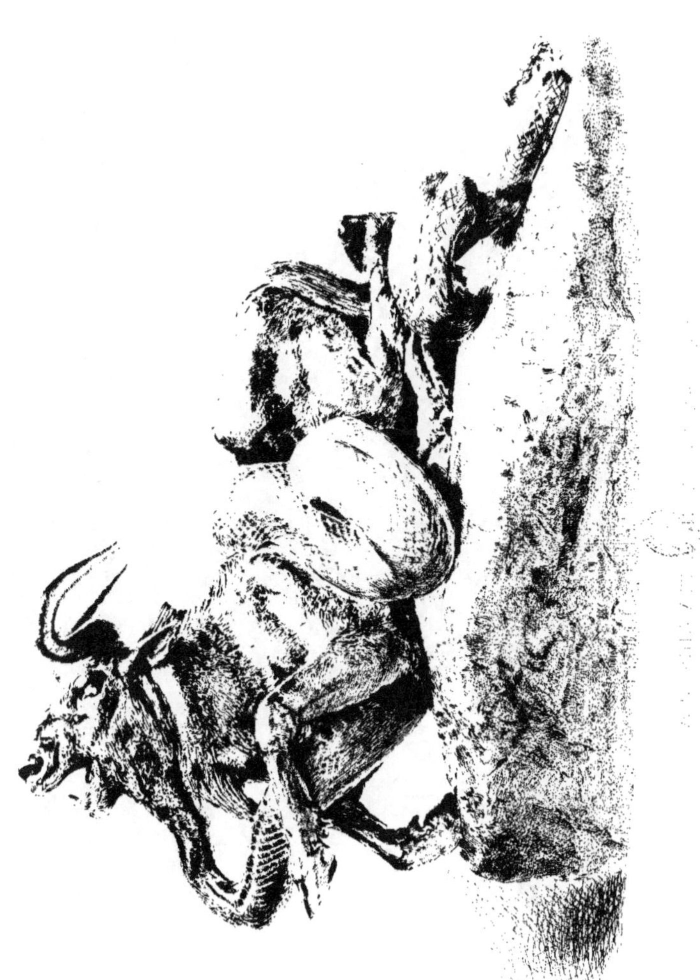

comte de Forbin, que sont nées, sous l'inspiration du maître du logis, les *Recherches sur l'art statuaire considéré chez les Anciens et les Modernes*.

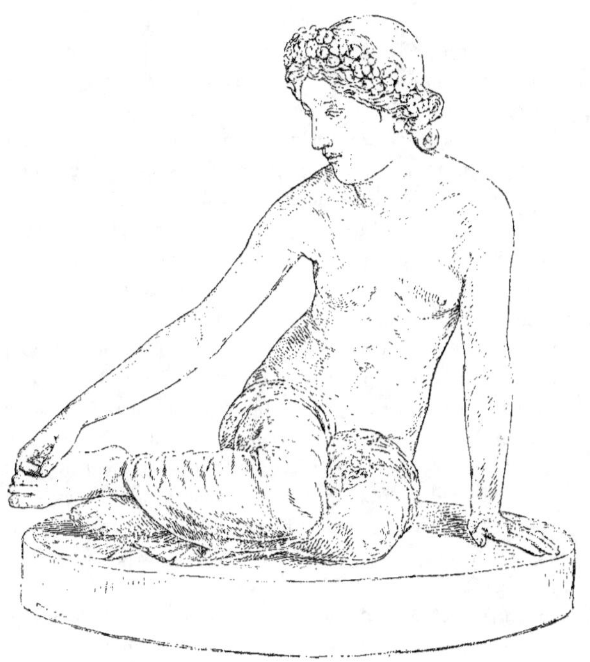

François-Grégoire Giraud était le disciple. En 1830, il hérita de la fortune et des collections de son protecteur et de son ami. Comme lui, il s'était dégagé des lourdes visions romaines pour s'élever vers la pure lumière des Grecs ; comme lui, et dans un moment où ils étaient singulièrement négligés, il s'était épris en dilettante des grands maîtres de la Renaissance italienne. Le prix de Rome lui avait été décerné en 1806, pour un *Philoctète dans l'île de Lemnos* qui se réclamait beaucoup plus de Puget que de David. En 1808, le jeune artiste adressait à l'Académie un bas-relief de *Phalante et Éthra*, qu'on peut voir à l'École des Beaux-Arts. « C'est une œuvre exquise, dit M. Courajod. Le sujet, traité avec une grâce infinie, est traduit par un relief très bas, presque comme une médaille agrandie ou comme certains vases funéraires de la Grèce, et dans un style inspiré du plus pur hellénisme. » François-Grégoire Giraud aimait l'Italie comme une seconde patrie ; il y séjourna à plusieurs reprises. Son sentiment intime de la nature s'y développa au contact de la sincérité des grandes écoles du xve siècle. Le Musée du Louvre nous offre un précieux témoignage des préoccupations de notre sculpteur ; c'est un chien modelé à Rome, qu'il exposa en marbre au Salon de 1827. Couché, la patte gauche repliée en arrière, un braque dresse les oreilles, plisse le front, comme prêt à suivre un ordre de son maître. Autour du socle ovale, se déroule une frise de légers reliefs traités à la façon de la gravure en médaille et symbolisant les principales qualités du chien : la fidélité, le courage, la vigilance, l'agilité. Le morceau, si on se reporte à l'époque où il a été exécuté, est singulièrement frappant par l'indépendance du motif, la vérité des formes, la justesse du mouvement et la finesse expressive de l'accent ; il pourrait être comparé sans désavantage à quelques-uns des meilleurs objets de la Salle des Animaux au Vatican.

Cependant, grâce à la libéralité de M. Montenard, le Louvre devait être mis en possession d'une œuvre bien plus remarquable encore : je veux parler du groupe funéraire que Giraud avait conçu, sous le coup d'une grande douleur, pour perpétuer le souvenir d'une compagne adorée et de deux enfants que la mort lui avait ravis brusquement. C'est une cire, — Giraud avait toujours préconisé l'emploi de la cire de préférence à la terre, — une cire brune, à patine chaude, polie comme le plus beau bronze, mais plus souple, avec le mordant d'une exécution libre, qui se sent à l'aise dans la manœuvre d'une matière merveilleusement docile et plastique. Cette cire était destinée, dans la

pensée de l'artiste, à la fonte d'un bronze qu'il n'eut point le loisir de
faire exécuter, étant mort lui-même peu d'années après sa femme

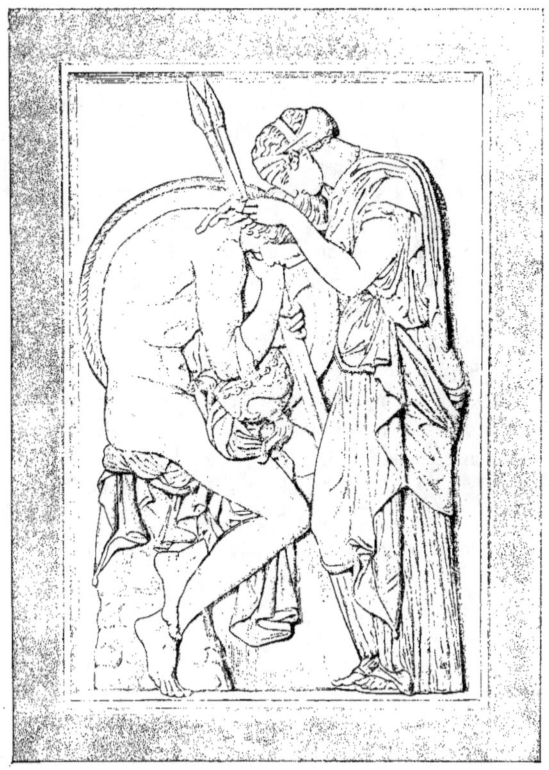

(1836). Les figures y sont de grandeur naturelle. « Épuisée, semble-t-il,
par les crises d'une maternité laborieuse, couronnée d'immortelles,

comme l'enfant qu'elle vient de mettre au monde et qu'elle serre
fiévreusement contre son sein, la femme du sculpteur dort son dernier sommeil dans l'attitude souple et abandonnée, dans la rêveuse
somnolence de l'*Ariane* du Vatican. Un autre enfant, précédemment
décédé, est couché à ses côtés, à l'imitation de ces génies groupés par
l'art classique autour des personnifications morales représentées par
lui. » J'emprunte cette description au travail de M. Courajod. Dans
cette magistrale composition, toute vibrante d'émotion, le sculpteur
s'est nettement séparé des idées ambiantes ; il rompt avec la tradition
académique pour se rapprocher du naturalisme puissant de Donatello
et de Michel-Ange. L'enfant, mort-né, enveloppé dans ses langes, est
représenté avec une vérité impitoyable, presque cruelle, comme si
l'artiste avait voulu perpétuer dans sa mémoire le souvenir d'un
moment terrible. De même le jeune enfant nu, qui repose au côté droit
de sa mère ; de même enfin certains détails de la figure principale
traités avec une pieuse sincérité. Tout cela constitue un fait inouï dans
l'histoire de notre sculpture pendant le premier tiers du xixe siècle.
On devine dans cette œuvre, inspirée par le plus haut sentiment de
l'art, comme l'éveil fécond de l'esprit qui animera bientôt les Rude,
les Barye, les Carpeaux. Le groupe du Louvre suffit à mettre son
auteur au premier rang des artistes qui ont honoré notre école
moderne.

*

Giraud, avec ses qualités généreuses, n'est-il pas un précurseur du
mouvement romantique ? D'autres que lui, cependant, sont agités du
vague besoin de secouer le joug des « Grecs et des Romains ». Nous
les retrouverons tout à l'heure. Il faut d'abord liquider le compte du
groupe David-Canova, dont les survivants tiennent le drapeau
jusqu'au début du règne de Louis-Philippe. Je ne parle pas de l'art
proprement académique qui se perpétue avec l'Académie, qui s'im-
plante dans l'enseignement officiel, qui se poursuit imperturbablement
à travers toutes les fluctuations du goût, qui dure encore, qui durera

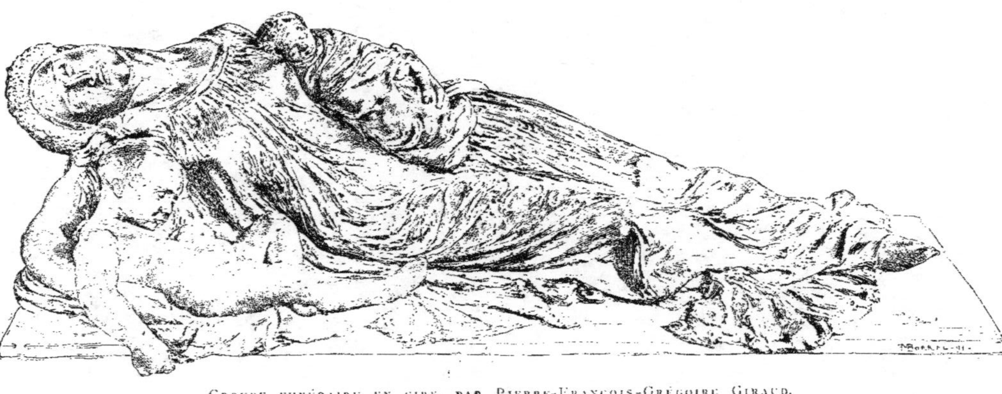

Groupe funéraire en cire, par Pierre-François-Grégoire Giraud.

toujours, aussi longtemps qu'il y aura des esprits timides ennemis de toute hardiesse, de toute nouveauté; cet art sera représenté par les Seurre, les Nanteuil, les Lemaire, les Ramus, les Simart, les Dumont, les Perraud. Je veux parler de l'art plus particulier qui a caractérisé l'ère impériale et qui, en dépit de ses défauts, a gardé une physionomie à part. Foyatier, Ramey fils, Rutchiel, Pradier lui-même, se rattachent à ce groupe par des liens visibles.

Le talent de Foyatier peut se résumer dans le *Spartacus mourant*, du Salon de 1827, qui eut, à son heure, un si énorme succès; Ramey fils, dans le *Thésée combattant le Minotaure*; Rutchiel, dans un morceau célèbre, *Zéphyre enlevant Psyché*, du Salon de 1814, qui a toutes les grâces, toute la virtuosité de Canova, avec une jeunesse et une envolée de mouvement que celui-ci n'a jamais connues, même dans ses plus heureuses inspirations. Ces trois œuvres sont aujourd'hui au Louvre, dans cet incomparable musée de la statuaire française où viennent peu à peu s'accumuler les témoignages de notre supériorité.

Dans toute la période qui nous occupe, aucun artiste n'a déployé une aussi extraordinaire prodigalité de talent que James Pradier. Pour rencontrer une semblable facilité de pratique, un tel brio, il faut remonter aux grands manieurs de marbre des beaux siècles, aux Jean de Bologne, aux Bernin, aux Coysevox, aux Pigalle, aux Houdon. A vrai dire, nul n'a été aussi fécond, aussi inépuisablement fécond que ce faiseur à la mode du règne de Louis-Philippe; nul n'a joui, comme lui, de la faveur du public, de ce gros public qui ne déteste pas la banalité, pourvu qu'elle soit exprimée en langage clair et qu'il s'y trouve une dose suffisante d'élégance et de sentiment, avec, ce qui ne gâte rien, une pointe légère de sensualité. Cette tendance des masses a été de tous les temps; mais elle s'est accentuée depuis le moment où la bourgeoisie est devenue la classe dirigeante. Deux hommes ont parfaitement représenté le goût moyen, en France, sous la monarchie de Juillet: Paul Delaroche et Pradier. Dans l'histoire de l'art au XIX⁰ siècle ils ont donc joué un rôle de premier plan. En face du mouvement romantique qui s'adressait au dilettantisme d'une élite intellectuelle, à la jeunesse tumultueuse et indépendante, ils représentaient avec une incontestable valeur les sages doctrines du juste milieu. Aujourd'hui la formidable poussée du modernisme, nous fait paraître tout cela bien vieux, bien éloigné, plus éloigné même de nos tendances que l'art gourmé du Premier Empire, bien « dessus de pendule » enfin, s'il est permis de se servir de ce mot d'atelier. Et cependant quelle dépense d'habileté, quelle ingéniosité d'invention chez ces artistes! Que de dons naturels prodigués sans compter, et qui eussent pu s'employer à des visées plus hautes!

James Pradier était né à Genève, en 1792, d'une ancienne famille française de réfugiés protestants; il fit ses premières études à Paris, sous la direction de Gérard et de Lemot, et remporta le Grand Prix en 1813. En 1827, il était de l'Institut et professeur à l'École des Beaux-Arts, c'est-à-dire au pinacle et considéré comme le dispensateur patenté de l'enseignement orthodoxe. Il mourut en 1862, à Bougival, d'une attaque d'apoplexie.

Le catalogue des œuvres de Pradier est immense. Je n'ai pas l'intention de suivre l'artiste dans les méandres infinis de sa production. Il suffit de rappeler, à titre de document, et pour faire revivre quelques souvenirs peut-être effacés, les étapes d'une carrière abondamment remplie. Dès le Salon de 1819, nous voyons Pradier attiré par les élégances faciles, orienté vers un compromis habile entre la convention et la nature; il appartient, de propos délibéré et pour le restant de ses jours, aux sujets païens, au culte voluptueux et aimable de la femme, dans la limite, s'entend, de ce qui est honnête et permis. Heureux calcul pour un homme qui, avant tout, veut plaire! « Il part tous les matins pour Athènes, disait assez méchamment Préault, et arrive tous les soirs rue Bréda ! »

En 1819, donc, Pradier expose : — *Centaure et Bacchante*, groupe en marbre, aujourd'hui au Musée de Rouen ; *Une Nymphe*, marbre ; — en 1822 : *Un fils de Niobé*, statue marbre, au Musée du Louvre ; — en 1824 : *Psyché*, statue marbre (Louvre) ; — en 1827 : *Vénus*, marbre (Musée d'Orléans) ; — en 1831 : les *Trois Grâces*, groupe marbre

(Musée de Versailles); — en 1832 : *Cyparisse et son cerf*, marbre ;
Jeune chasseresse, marbre ; — en 1834 : *Satyre et Bacchante*, groupe
marbre, pour M. Demidoff ; — en 1836 : *Vénus et l'Amour*, groupe
marbre, pour le palais impérial de Saint-Pétersbourg ; — en 1841 :
Odalisque, marbre ; *Cassandre*, marbre (Musée d'Avignon) ; —
en 1845 : *Phryné*, marbre ; la *Poésie légère*, marbre ; *Anacréon et
l'Amour*, bronze ; — en 1848 : *Nyssia*, marbre (Musée de Montpellier) ;
— en 1850 : la *Toilette d'Atalante*, marbre (Louvre) ; *Médée et Pan-
dore*, bronze, pour la Reine d'Angleterre ; — en 1852 : *Sapho*, marbre
(Louvre), etc., etc. La plupart de ces œuvres ont été popularisées par
des reproductions et des réductions de toute sorte. Entre temps
Pradier a exécuté nombre de bustes et de statues-portraits ; mais il
n'a apporté dans cette forme de l'art aucune manière personnelle ;
il n'avait pas cette chaleur de conviction, ce souci du caractère
qu'il faut au portraitiste devant le modèle. Pradier a fait aussi de la
sculpture monumentale ; par certaines qualités de grande allure, elle
restera son titre le plus sérieux. On lui doit notamment les quatre
Renommées, qu'il composa dans un jour d'inspiration pour les
tympans de l'Arc de Triomphe, les deux figures allégoriques qui
encadrent la statue de Molière à la Fontaine de la rue de Richelieu et
les douze *Victoires*, pensives et solennelles cariatides, qui entourent
le tombeau de Napoléon, aux Invalides.

Tandis que Pradier se laissait aller ainsi au fil du succès, un
vent de réaction, d'origine toute littéraire, soufflait sur la peinture
française. Le romantisme entrait en scène, empanaché, bruyant,
confus, sans idéal bien défini, mais pavé d'excellentes intentions et
armé de cette force latente qui est celle de toutes les oppositions. Le
mouvement libéral des idées eut une action réflexe immédiate sur les
arts. Il fallait avant tout secouer le joug des Romains, le joug des
formules oppressives et des académies. La peinture, art plus mobile,
plus impressionnable, fut naturellement la première attaquée.

Pradier avait rencontré une veine trop fructueuse pour que sa

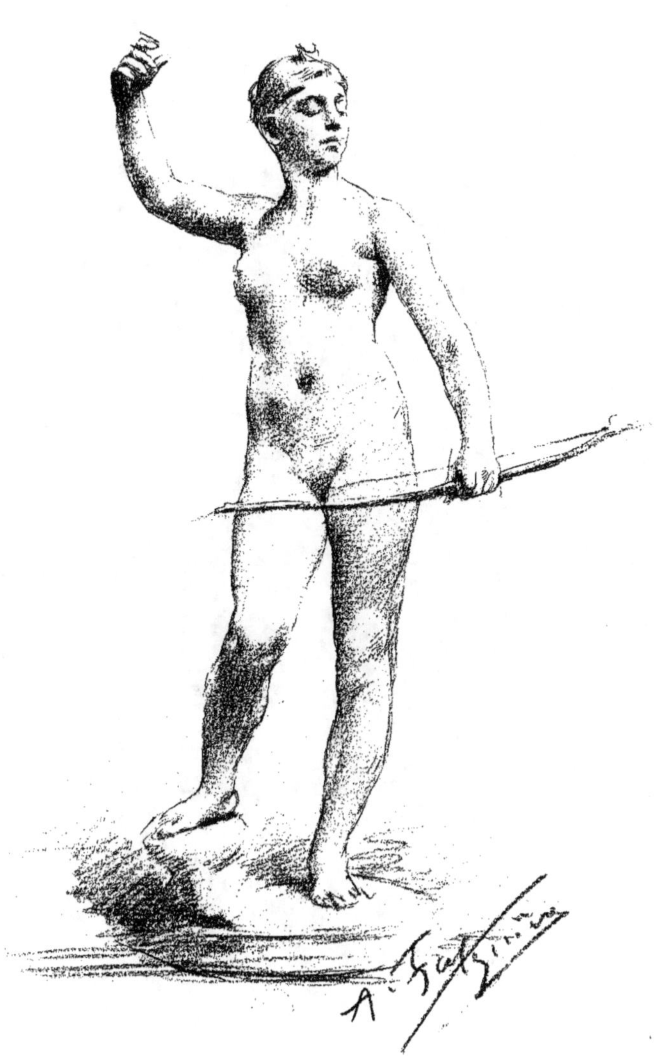

manière n'ait pas donné naissance à d'assez nombreux imitateurs et
qu'il n'ait pas entraîné derrière lui bien des artistes que leur instinct
naturel aurait conduits dans des voies plus austères : tels Klagmann,
Jacquot, Feuchère, Gechter, Husson, Merlieux, Desbœufs, et d'autres

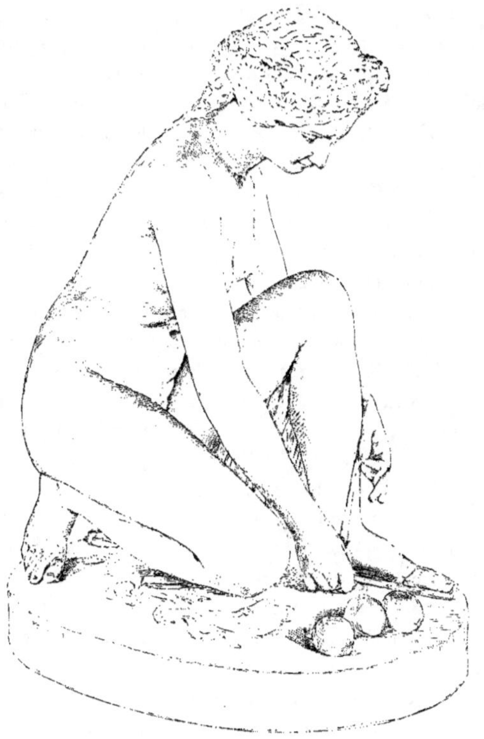

LA TOILETTE D'ATALANTE, PAR PRADIER.
(*Musée du Louvre.*)

encore. Malgré son caractère éphémère, l'art issu de l'influence de
Pradier n'en constitue pas moins un style à part qu'on peut appeler le
style Louis-Philippe. Nous le retrouvons, non seulement dans la

statuaire, mais dans la décoration ; il produisit même des ornemanistes ingénieux et fort délicats, comme Merlieux et Lechesne. Il est inutile de rappeler les jolies sculptures, si finement burinées, de quelques maisons de l'époque, comme la Maison Dorée ou l'ancien hôtel d'Alexandre Dumas, rue Victor-Massé ; elles sont familières à tous ceux qui connaissent leur Vieux Paris. Les figures de la fontaine Louvois sont une des compositions notables de Klagmann ; Feuchère a exécuté la statuaire de la fontaine Saint-Sulpice et du monument de Cuvier, rue Lacépède ; Jacquot est l'auteur des élégants motifs et du Triton qui ornent la fontaine Gaillon, œuvre de Visconti, comme les fontaines Molière et Louvois. Cet art limité n'eut qu'une existence éphémère ; il disparut écrasé entre le mouvement romantique du début du règne et le mouvement réaliste de la fin, il convenait seulement de le noter au passage.

Géricault et Delacroix parurent, on sait avec quel éclat, et, après eux, Decamps, Corot, Rousseau et toute notre grande école paysagiste. La sculpture, art plus résistant, plus formaliste par essence, et plus soumis par nécessité aux disciplines de l'enseignement, se montra, dans l'ensemble, assez rebelle au lyrisme des romantiques. Les classiques étaient établis dans leur domaine ainsi que dans une forteresse, et ils y semblaient inexpugnables.

De puissantes individualités, des esprits originaux, des âmes inquiètes avaient cependant surgi, qui s'apprêtaient à affirmer leur indépendance par des œuvres dégagées des routines de commande. Les uns comme Antonin Moine, comme Préault, comme Du Seigneur, comme Mlle Félicie de Fauveau, comme le baron de Triqueti, répondant avec ardeur à l'appel parti du haut des tours Notre-Dame, se réclamaient du moyen âge ; les autres, comme Rude, comme David d'Angers, comme Barye, cherchaient dans l'étude opiniâtre de la nature les lois d'une esthétique rajeunie. De cette forte lignée sont sortis plus tard les Carpeaux, les Falguière, les Cain, les Frémiet, les Dubois, les Rodin, les Dalou, tous les éléments les plus vivaces de notre art contemporain. C'est ce mouvement, d'un si haut intérêt, qu'il convient

maintenant d'étudier. Pour longtemps, l'École française sera divisée en
deux camps, qui fusionneront quelquefois en apparence, mais qui, au
fond, resteront irréconciliables : d'un côté, inscrits au fronton de l'atelier, les mots *vie, nature, vérité;* de l'autre, ceux de *règle, tradition,*

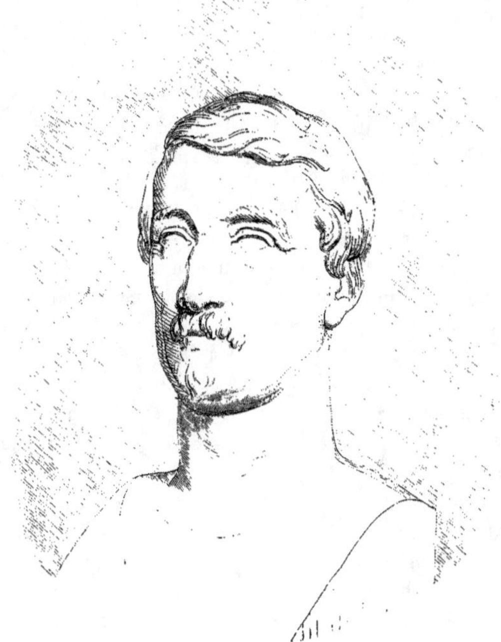

symétrie; d'un côté, l'étendard de l'ancienne France, porté si hardiment par les imagiers de nos cathédrales, l'étendard de Claux Sluter,
de Beauneveu, de Jacques Morel, de Michel Colombe, de Goujon, de
Pilon, de Puget, de Coysevox, de Pigalle, de Caffieri, de Houdon; de
l'autre celui de l'Antiquité et des Académistes.

Ce que les moyens-âgistes demandaient alors à ce passé qu'on ressuscitait par mode, sans le bien comprendre, c'étaient les apparences extérieures, les costumes pittoresques, les pages en pourpoint, les dames à robes traînantes, une vague sentimentalité littéraire, un romantisme à la Walter Scott. De la chair même, de la substance des vieux Gothiques des xiie et xiiie siècles, qui avaient mis tant de naïve grandeur, tant de force et de sincérité dans leur plastique monumentale, de tous ces maîtres incomparables de la statuaire iconique, aux xive et xve siècles, il n'était pas question. Après des siècles d'oubli on croyait revenir à notre grand art français du moyen âge par le bric-à-brac, par les futilités du décor; le fossé avait été creusé trop profond pour qu'il pût être franchi d'un seul bond; il y faudra cinquante ans d'efforts continus.

Il ne reste plus guère aujourd'hui que des souvenirs et quelques noms de cette première et brillante échauffourée, qui eut le mérite de pratiquer une large brèche à travers le classicisme intolérant et de préparer les voies à une plus vivante interprétation de la nature. Ni le courage, ni la candeur ne manquaient à ces jeunes talents, et, si le résultat n'atteignit pas à leurs espérances, la tentative, du moins, fut très honorable et non entièrement stérile. La fièvre romantique peut nous faire sourire à distance; mais nous devons reconnaître qu'elle était salutaire.

Quel Parisien de 1891 connaît les œuvres du pensif et élégiaque Antonin Moine et du farouche Du Seigneur? Qui a souci de Mlle Fauveau et de sa *Françoise de Rimini?* Quelques amateurs qui lisent à leurs moments perdus la *Gazette des Beaux-Arts*. Préault lui-même, le romantique Préault, est plus connu par ses bons mots que par ses ouvrages de statuaire.

Auguste Préault a été, cependant, le Don Quichotte du romantisme. « Son esprit remué, dit son biographe, Théophile Silvestre, flambe et fume comme un punch aux folles couleurs, et ne semble chaque jour s'épuiser et s'éteindre qu'à l'heure où tout Paris est endormi... Il dépense de bon cœur le plus vif de ses forces pour soutenir sans défaillance sa réputation d'homme d'esprit et d'artiste fougueux. Des plis nerveusement paraphés relèvent ses sourcils et tiraillent son front ample et chargé d'inquiétudes... Sa conversation, pleine d'ellipses, de bouillonnements, de soubresauts et d'écarts, excite de primesaut la curiosité. Préault ne pousse jamais à fond un raisonnement, mais il court et vole après les images et les comparaisons violentes ou raffinées. » Jusqu'à son dernier jour il conserva l'entrain, le flamboyant du romantisme de 1830. Personne ne fut plus à la mode, plus répandu dans les salons, plus célébré dans les

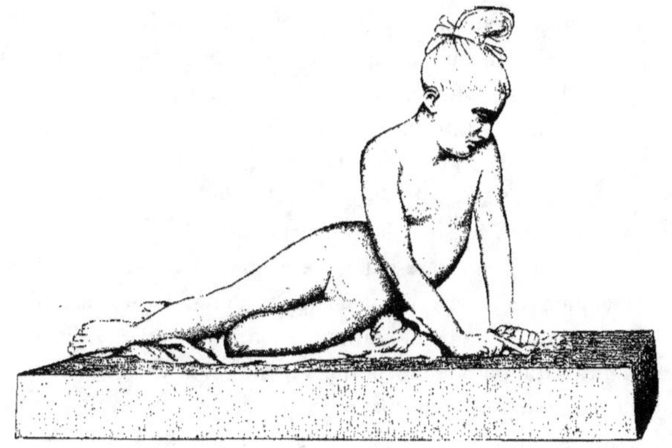

gazettes. L'opinion finit par mettre sur son compte tous les traits d'esprit qui couraient les ateliers. Il jeta dans son art le même tempérament tumultueux ; de l'emportement, des idées originales et colorées, des éclairs de vie, et aussi du désordre, de l'enflure, un manque de savoir pratique, une sorte d'impuissance manuelle qui l'empêchèrent de devenir un maître. Bien des ouvrages de Préault, exécutés seulement en plâtre, ou en terre cuite ont été cassés; il faut quelques efforts pour retrouver les autres sous la brume d'oubli qui es enveloppe. A peine puis-je citer la statue de *Clémence Isaure*, du jardin du Luxembourg: le masque de la *Douleur*, au cimetière israélite; le *Marceau*, en bronze, de la place Marceau, à Chartres; le *Cavalier gaulois* du pont d'Iéna, à Paris. Préault était né en 1810; il mourut en 1879.

Le baron de Triqueti, grâce à quelques morceaux heureusement pondérés et habilement conduits, aura mieux préservé sa mémoire des injures du temps. Son talent délicat et varié s'est plié à des besognes diverses où il a fort honnêtement réussi; son goût romantique assagi ne l'a conduit à aucun écart. De belles relations, de la fortune, de l'habileté, il avait tout ce qu'il faut pour réussir. Il a signé des œuvres d'art décoratif qui caractérisent bien exactement les modes du règne de Louis-Philippe. L'exécution en est précieuse : telles sont, par exemple, sa *Dague*, fondue à cire perdue, ou la *Poire à poudre*, ornée de la légende de Saint-Hubert, qu'il exposait au Salon de 1831, ou le grand vase des *Rêves*, à celui de 1861, ou encore les portes en bronze de l'église de la Madeleine.

La sculpture française présentait à ce moment un spectacle bien digne d'attention. Elle se divisait en trois courants qui marchaient à des buts opposés. A côté du courant romantique, dont je viens de parler, et du courant académique, qui suivait paisiblement et confortablement son cours, il s'était formé un troisième courant d'une rare vigueur, qui tendait à conduire l'art vers les régions du vrai, vers une humanité plus simple et plus vécue, en rattachant à cet art franchement moderne les belles traditions iconiques des siècles passés. Du reste, romantiques et naturalistes se trouvaient unis dans leur esprit de réaction contre l'omnipotence de l'Académie. De cet énergique mouvement d'idées, dont les prodromes, comme je l'ai fait remarquer, se faisaient déjà sentir sous le premier Empire, devaient naître quelques puissantes individualités et le plus grand maître de la statuaire moderne : Rude, l'immortel auteur du *Départ des volontaires de 1792* à l'Arc de Triomphe de l'Étoile.

Rude, Barye, David d'Angers, voilà, à des échelons divers, les trois grandes figures qui dominent la sculpture française au milieu du

XIXᵉ siècle. La mise au plan de ces imposantes personnalités doit être un des objets de cette rapide étude.

François Rude et Pierre-Jean David sont nés vers le même moment, l'un à Dijon, en 1784, l'autre à Angers, en 1789; le premier est mort à Paris en 1855, le second dans la même ville en 1856. Ils sont exactement contemporains. Tous deux ils ont poursuivi le rendu de la vie, la vérité de l'expression, le mouvement dramatique, dans un temps où ces vertus cardinales de la statuaire étaient rien moins qu'en honneur. Tous deux ils ont résolument arboré le drapeau du naturalisme, et c'est par l'influence de leurs œuvres que l'art s'est affranchi des formules du classicisme officiel qui menaçaient de l'étouffer à tout jamais: Rude appliquant à cette noble tâche toutes les ressources de son puissant génie; David d'Angers, les mâles qualités d'une conscience opiniâtre et d'une haute probité professionnelle. Barye, plus jeune, puisqu'il est né en 1795, a suivi l'impulsion de ses illustres aînés, appliquant les mêmes principes de vérité à l'étude des formes vivantes et agissantes chez les animaux, et ajoutant par son exemple une grande force aux doctrines naturalistes.

Tous trois, d'ailleurs, respectueux du passé, dans une certaine mesure, et s'étudiant avec une noble générosité à associer la tradition, dont l'atelier les avait nourris, à la recherche d'un art nouveau.

David d'Angers eut d'autant plus de mérite à s'enquérir de combinaisons inédites, qu'il était élève du peintre David et du sculpteur Rolland: il avait suivi la filière classique avec honneur, et s'était assis à trente-sept ans dans le fauteuil laissé vacant, à l'Institut, par la mort de Stouf. De bonne heure, cependant, on peut discerner en lui des velléités d'indépendance; son penchant inné pour la sculpture de portrait le tire de l'ornière où il allait s'embourber. En 1817, il expose une représentation du grand Condé jetant son bâton de maréchal dans les lignes de Fribourg. Désormais il est voué à la sculpture iconique. Travailleur infatigable, méthodique, il produit énormément, trop même pour avoir le loisir de revenir longuement sur sa pensée et pour en discuter, comme Rude, la forme définitive.

David d'Angers offrira, d'ailleurs, dans toute sa carrière, un singulier mélange d'audace et de timidité. Théoriquement il est acquis aux idées modernes. La sculpture, il le proclame à ses élèves, doit exprimer la passion, le mouvement. « Elle est la tragédie des arts; écrivait-il; elle doit dramatiser la forme. » Mais, le ciseau à la main, il a le plus souvent des hésitations singulières; il semble vouloir se reprendre de la hardiesse de ses paroles. A côté du général Gobert frappé sur son cheval dans le feu du combat et habillé du costume

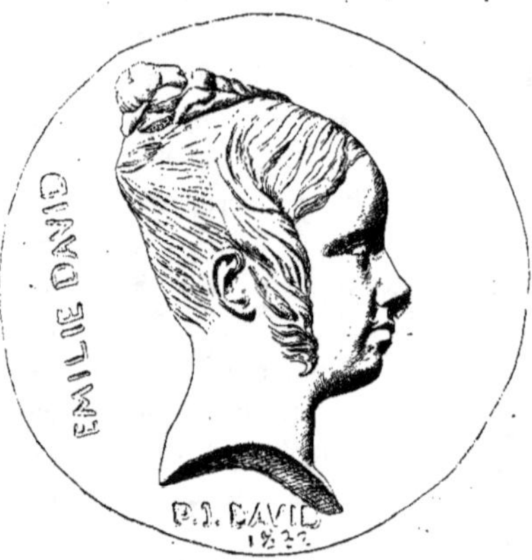

MADAME DAVID D'ANGERS, MÉDAILLON PAR DAVID D'ANGERS.

exact du temps, il représentera le général Foy en costume romain. La vérité est que chez lui le cerveau n'est pas aussi fort que la main. Craignant de trop oser, il en arrive à un compromis bâtard et finit par conseiller aux jeunes statuaires de conserver le nu et la draperie « pour les poètes, les artistes et les savants », et d'adopter « le costume moderne et l'uniforme pour les militaires ». Rude, nous le verrons, a été bien autrement catégorique.

L'enthousiasme des contemporains avait porté David d'Angers au pinacle; aux yeux de tous il était le grand sculpteur du siècle, le

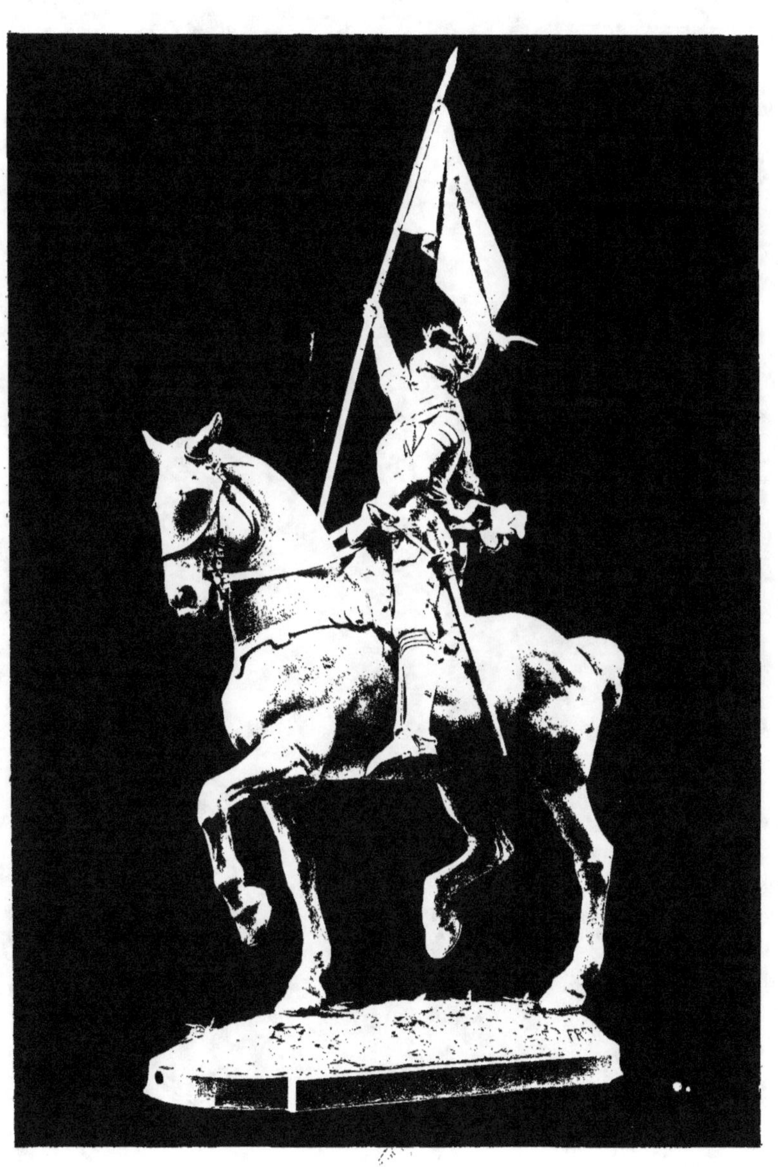

maître incontesté qui devait assurer aux personnages représentés cette
gloire lapidaire qui ne périt pas. Ses portraits, ses médaillons passaient
pour le dernier mot de l'art, car ils avaient l'ambition de s'élever
au-dessus de cette ressemblance exacte que recommandait Houdon ;
c'étaient l'âme même et la pensée intime du personnage que l'artiste
prétendait nous faire connaître. Aujourd'hui, quand nous revoyons
l'œuvre immense et inégale de cet infatigable ouvrier, nous nous éton-
nons du lyrisme qui avait accueilli ces œuvres honnêtes, sincèrement
étudiées, mais parfois d'apparence chétive et guindée. Aujourd'hui

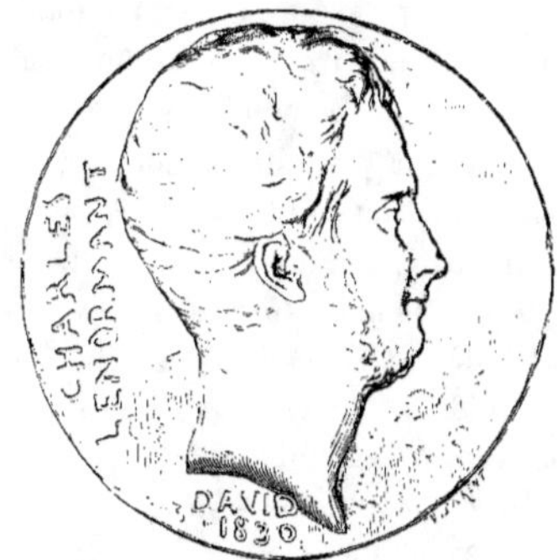

PORTRAIT DE M. CH. LENORMANT, D'APRÈS UN MÉDAILLON
DE DAVID D'ANGERS.

le tassement s'est fait. Tandis que Rude, discuté, presque méconnu de
son vivant, gravissait les marches qui conduisent à l'immortalité
sereine, David d'Angers reprenait un rang plus modeste dans
l'histoire de notre sculpture. La part qui lui reste est cependant encore
fort honorable. Son nom vivra dans quelques œuvres véritablement
inspirées, telles que le superbe monument du Père-Lachaise élevé à
la mémoire du général Gobert, et dans un certain nombre de productions qu'il serait injuste de traiter avec dédain. Quoi qu'il advienne,
les généreuses visées de cet artiste éminent resteront dignes du plus
grand respect.

CH. — T. V.   86

La vie et les œuvres de David d'Angers ont été l'objet d'innombrables études. M. Henry Jouin a consacré à sa mémoire un livre qui est un monument. On sait, d'autre part, que le Musée David d'Angers, à Angers, renferme la plupart des œuvres de l'artiste en copies ou en moulages. Il me suffira de rappeler ici les principaux titres d'une carrière féconde entre toutes.

A dater de 1819, David d'Angers est à peu près exclusivement occupé de statues commémoratives, de monuments funéraires, de bustes et de médaillons, tous travaux qui ont pour base le portrait. Son activité est sans égale, il se multiplie sur tous les points du territoire ; car cette maladie étrange, la statuomanie, dont nous voyons aujourd'hui les excès, commençait à sévir sur la France. David devient le fournisseur patenté des gloires nationales. Il commence par le modèle d'une statue du *Roi René*, pour la ville d'Aix, de la *Duchesse de Brissac*, pour le château de Brissac, de *Racine*, pour la ville de la Ferté-Milon, du *Général Bonchamps*, pour l'église de Saint-Florent (Vendée). Ces œuvres de début sont empreintes d'une remarquable froideur. *La Jeune Fille grecque déposant une couronne sur le tombeau de Marco Botzaris*, exécutée pour la ville de Missolonghi, le *Talma*, de la Comédie-Française, et le *Joseph Bara* sont déjà plus animés. Mais il faut arriver au fronton du Panthéon. Dans cette immense page de sculpture monumentale, la *Patrie couronnant ses grands hommes*, David accepte avec résolution les données modernes du programme. Autour des figures symboliques qui occupent le centre de la composition, et qu'il a anoblies d'un beau mouvement, gravitent côte à côte des figures de magistrats, de poètes, d'hommes politiques, de généraux, des robes, des toques, des habits à la française, de vulgaires pantalons et des shakos épiques ; tout cela dans un pêle-mêle pittoresque. Sous l'universelle acclamation, ce morceau gigantesque fonde la réputation de l'artiste. Allier cette tentative de modernité avec les lignes rigides d'un fronton à l'antique, rester expressif et bien à l'échelle sans troubler l'harmonie préétablie de l'édifice, n'était pas chose aisée ; David a apporté à l'accomplisse-

ment de cette tâche un sérieux et une vigueur qui méritent toute notre
estime. Le fronton du Panthéon fut commencé en 1831 et mené rapidement. Peu après David entreprenait le *Tombeau du général Gobert*, au
cimetière de l'Est. La composition est héroïque, animée d'un grand
souffle, très simple en même temps et d'un puissant effet. Sur un
piédestal carré assez étroit, décoré de quatre bas-reliefs retraçant les
principaux événements de la vie militaire du général, se dresse
un groupe plein de feu et de mouvement qui le représente à cheval,
renversé sous le coup mortel d'un mamelouck. Le
mouvement abandonné du corps qui tombe, le cheval
qui se cabre, l'expression féroce de celui qui frappe :
tout cela est rendu avec un très beau sentiment dramatique. Il n'y a pas jusqu'au contraste entre l'exécution un peu fruste du groupe et la finesse précieuse
des bas-reliefs qui n'ajoute à l'effet. Le monument
du général Gobert est certainement l'œuvre maîtresse
de David d'Angers. Les bas-reliefs du tombeau du
général Foy, au même cimetière, sont d'un fort beau
caractère, mais la statue principale, habillée à la
romaine, est d'une complète insignifiance. David,
accablé de commandes, n'aura plus les loisirs de
pousser à fond l'exécution aussi loin que dans ses
premières œuvres. C'est par la pensée qu'il y met toujours, élevée et philosophique, beaucoup plus que par

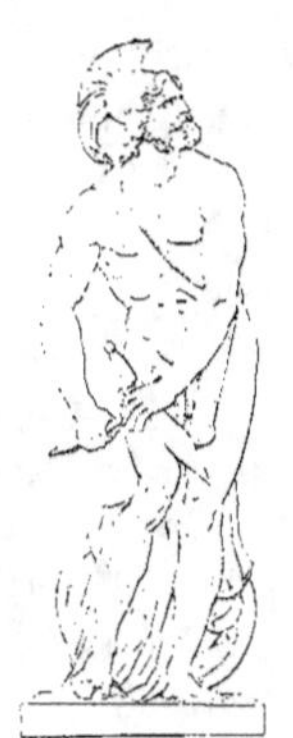

PHILOPŒMEN, PAR
DAVID D'ANGERS.
(*Musée du Louvre.*)

leurs qualités matérielles, souvent insuffisantes, qu'elles nous paraissent
encore dignes d'attention. Citons un peu au hasard : le tombeau de
Garnier Pagès, au Père-Lachaise ; le monument de *Fénelon*, à Cambrai :
du *Cardinal de Cheverus*, à Mayenne ; de *Bichat* à Bourg ; de *Gutenberg*,
à Strasbourg ; de *Larrey*, au Val-de-Grâce ; les statues de *Riquet*, à
Béziers, d'*Armand Carrel*, à Saint-Mandé, de *Cuvier*, à Montbéliard,
de *Bichat*, à l'École de médecine, de *Drouot* et de *Mathieu de Dom-
basle*, à Nancy, de *Jean Bart*, à Dunkerque ; une infinité de bustes,
en marbre ou en bronze, et plus de cinq cents médaillons, en bronze,

des contemporains illustres. Il faut ajouter enfin à cette nomenclature la belle figure de *Philopœmen*, étude de nu d'une rare puissance, qui, après avoir orné le jardin des Tuileries, est maintenant au Louvre.

Rude ! Un nom de sculpteur, et comme prédestiné ! Que d'images la réunion de ces quatre lettres suscite dans l'esprit ! Combien de créations puissantes et décisives elle dresse dans le souvenir ! C'est que Rude est une des grandes figures de l'art, une des personnalités supérieures de la statuaire française, aussi grande que Sluter, que Goujon, que Puget, que Houdon, plus grande même par certains côtés : un maître dans la plus large acception du mot, un colosse qu'on ne saurait aborder sans émotion et, je dirai presque, sans crainte. Nulle vie plus pure, nul caractère plus noble, nulle carrière mieux remplie. L'homme est à la hauteur de l'artiste ; ils s'expliquent et se complètent l'un par l'autre. Même lien, même unité dans les œuvres, dont l'enchaînement répond aux lois d'une logique mystérieuse. Rude est un bloc de granit sur lequel s'appuie tout entier l'édifice de l'art moderne. Rude est une doctrine, un principe. Mais ainsi que l'a fait excellemment remarquer son éminent historien, M. de Fourcaud [1], ce n'est que maintenant que nous pouvons apprécier à son juste prix l'importance de l'effort dont l'artiste a supporté le poids ; ce n'est qu'aujourd'hui que nous pouvons dégager la leçon de sa vie, faire apparaître ce qu'il y a d'essentiel et de permanent dans les vérités dont il a poursuivi la conquête à coups de chefs-d'œuvre.

Rude était Bourguignon, Bourguignon de père et de mère ; il tenait par toutes les fibres à ce riche terroir où, d'instinct, on a toujours aimé et pratiqué le grand art mâle et sain de la sculpture ; il descendait des puissants imagiers de Notre-Dame-de-Dijon, de Vézelay et d'Auxerre ; il appartenait à la patrie adoptive de Claux Sluter, de Claux de Werwe et de Le Moiturier. Rude, de plus, était du peuple,

---

1. M. L. de Fourcaud a consacré une magnifique étude, tout un volume, à l'analyse de la vie et des ouvrages de Rude. Cette étude, modèle de critique psychologique, a paru dans la *Gazette des Beaux-Arts* (1888-1891).

du plus humble peuple; rien n'était venu émousser la vigueur du
tempérament qui bouillonnait en lui. Le ciel lui avait départi en nais-

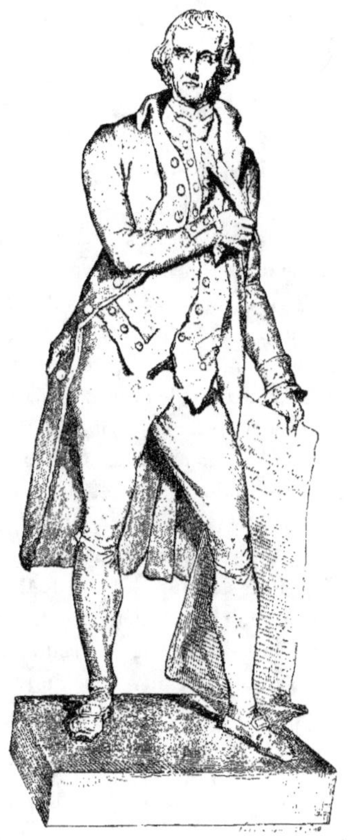

JEFFERSON, PAR DAVID D'ANVERS.

sant, dans le plus heureux équilibre, les qualités de sa race : la netteté
et la fermeté du jugement, l'horreur des spéculations et de l'amphigouri,
l'amour de la vérité, le don de l'observation, une gaieté abondante et

directe, mais « toujours prête à se gouverner jusqu'en ses écarts », un sang vif, courant à fleur de peau. Les hasards propices de l'éducation firent le reste, et le fils du petit chaudronnier de Dijon se trouva, à l'âge d'homme, armé de toutes pièces pour le dur combat de la vie.

François Rude naquit rue Petite-Poissonnerie, à Dijon, d'Antoine Rude et de Claudine Bourlier, le 4 janvier 1784, à la veille du violent mouvement d'idées qui allait faire trembler le monde. Le commerce du père Rude avait prospéré et celui-ci put faire donner à ses neuf enfants une bonne instruction bourgeoise, naturellement libérale. Le jeune François, en même temps, mena son apprentissage de forgeron et assouplit sa robuste main dans le maniement de la lime et du marteau. Bientôt, en janvier 1798, les circonstances le conduisirent à l'école de dessin dirigée par Devosge, qui se prit de sympathie pour son nouvel élève et reconnut en lui de rares dons naturels. Le nom de Devosge mérite à tous égards la vénération dont sa mémoire est encore entourée à Dijon. L'homme qui a donné leurs premières leçons à Prud'hon et à Rude n'était pas le premier venu ; c'était un artiste d'un goût fin, éclectique, une âme bonne et généreuse. Rude, recommandé par son maître à M. Frémiet, contrôleur des contributions directes, exécute pour lui sa première œuvre de sculpture, le buste de Monnier, beau-père de M. Frémiet, qui lui paie de ses deniers un remplaçant militaire. Bientôt les deux protecteurs de l'artiste décident qu'il ira compléter son éducation à Paris. Dans les premiers mois de 1807, Rude quitte sa ville natale nanti d'une lettre de recommandation pour le tout-puissant Vivant-Denon, le surintendant des Musées, Bourguignon comme lui, qui l'accueille à bras ouverts. On venait justement de commencer la Colonne de la Grande-Armée, place Vendôme. Denon, inspirateur de ce grand travail, envoie son jeune compatriote chez Gaulle, qui dirige la partie sculpturale. Une tradition accréditée veut que Rude ait travaillé aux admirables bas-reliefs de la base : *Obusiers, canons, étendards, tambours, trompettes, casques, shakos, uniformes russes et autrichiens*. Il entre en même temps chez Cartellier, dont l'atelier réunit l'élite des talents naissants, et se prépare avec un bel élan au concours de Rome, en suivant parallèlement les cours de l'École des Beaux-Arts. « Observez les gestes et les attitudes, cherchez avant tout la synthèse morale de vos figures, » dit Cartellier à l'arrivant, dont la loyale et vive physionomie lui inspire de suite la sympathie. Le

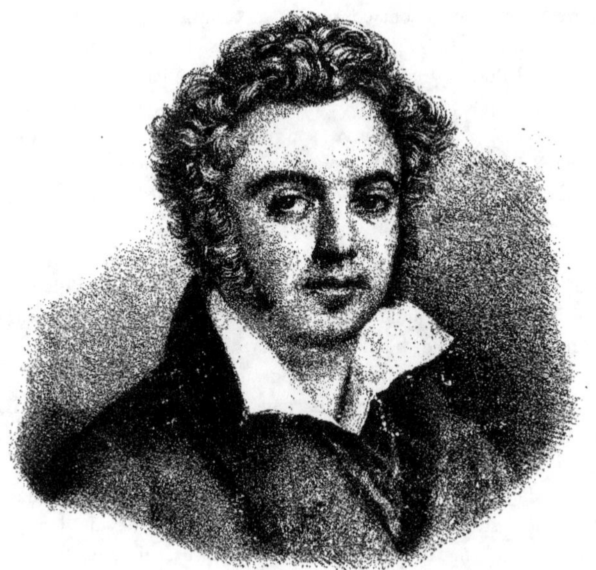

PORTRAIT DE RUDE JEUNE, D'APRÈS UNE LITHOGRAPHIE DU TEMPS.

conseil ne devait pas être perdu ; il deviendra la loi esthétique de l'auteur du *Maréchal Ney* et du *Gaspard Monge*.

En 1809, Rude remporte le second grand prix, avec un *Marius sur les ruines de Carthage;* en 1812, le premier grand prix, avec un *Aristée déplorant la perte de ses abeilles.* Dans ce dualisme d'enseignement, tout autre, moins trempé que Rude, aurait laissé sa personnalité. Le prix de Rome faillit, en effet, tout compromettre et notre lauréat restera quelque temps empêtré dans les formules pédagogiques. « Le voilà, dit M. de Fourcaud, qui, sous l'influence des Menageot, des Moitte, des Chaudet, s'enfonce dans la misère du poncif. » Combien il lui faudra de peine pour se reconquérir ! Heureusement Rude ne va pas à Rome; l'argent manque, toutes les ressources disponibles sont consacrées aux choses de la guerre, un million d'hommes est appelé sous les armes. Rude, comme toute la jeunesse d'alors, est enfiévré par l'idée napoléonienne. Les événements se précipitent, les Cent-Jours arrivent, puis Waterloo. Rude s'enfuit à Dijon, où il retrouve son protecteur, M. Frémiet, qui l'emmène à Bruxelles. Là il rencontre David, et tous les exilés, toutes les épaves de la Révolution et de l'Empire. Plein de courage, il multiplie les démarches pour obtenir quelques travaux. Il fait le buste du roi Guillaume Ier, qu'il réussit au gré du souverain, puis celui de David, et ceux de Bonnet, le conventionnel, de Jacotot, de Villaine. On lui donne la commande des cariatides du nouveau théâtre royal; il exécute le fronton de l'hôtel des Monnaies, et, grâce à la recommandation de David, reçoit une part importante dans les travaux de la Cour et notamment dans ceux du château de Tervueren, construit pour le prince d'Orange. Il y exécute une série de bas-reliefs décoratifs, représentant la *Chasse de Méléagre* et l'*Histoire d'Achille*. Enfermé dans ce programme ultra-classique et littéraire, Rude s'efforce de rester sévèrement académique, mais on devine dans le mouvement des figures, dans leur musculature énergique, tout ce qu'il y a de sève exubérante dans le cerveau du jeune maître; çà et là apparaît un beau sentiment de nature. Au milieu du chaos d'idées où l'a laissé l'enseignement de l'École, commence à surgir cette flamme conductrice qui sommeille en lui et l'amènera aux chemins de la vérité et de l'action.

Tout lui sourit durant ces temps d'exil. Il épouse celle qu'il aime depuis plusieurs années de la plus tendre passion, la belle Sophie Frémiet, qui sera la compagne dévouée de toute sa vie. Il a conquis la modeste aisance qui suffit à ses goûts; il a trouvé le bonheur intime du foyer.

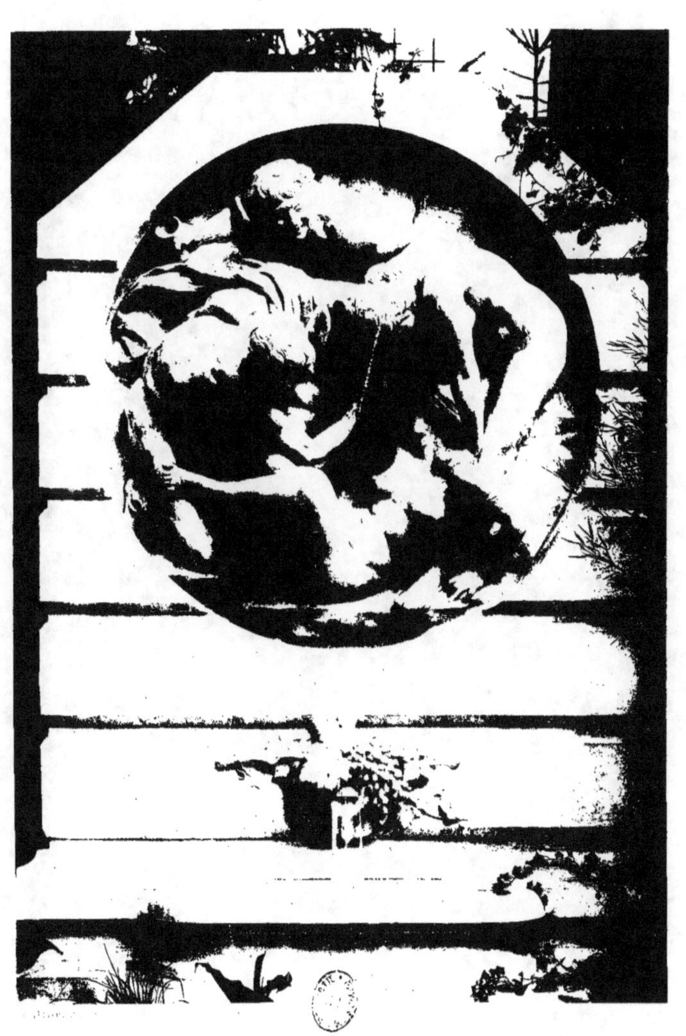

Parmi les œuvres exécutées pendant cette période, il faut citer encore les figures allégoriques pour la décoration de la bibliothèque du duc d'Arenberg, des cariatides pour la salle du Concert Noble, à

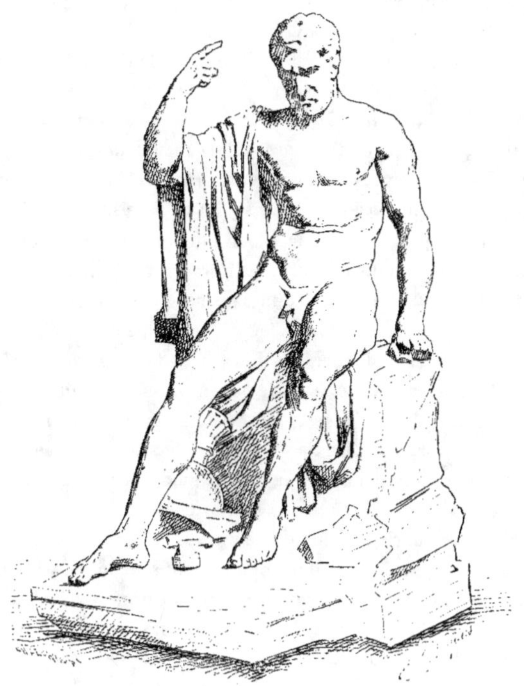

Bruxelles, et une chaire pour l'église de Saint-Étienne, à Lille.

Cependant l'écho des succès de ses anciens condisciples lui vient aux oreilles, il a la nostalgie de la terre natale, il rêve d'exécuter une figure d'étude pour le Salon de Paris ; douze ans se sont écoulés à Bruxelles, le voilà tout prêt à céder aux sollicitations de Roman, son meilleur camarade, et de Cartellier, qui ne l'a pas oublié. Au mois de mai 1827, il reprend le chemin de la grande ville, après avoir achevé le beau buste de David, qu'on voit au Musée du Louvre. Ce buste est la première œuvre véritablement individuelle de Rude; l'accent physionomique y est souligné avec la plus entière bonne foi. Dès son arrivée, grâce à Cartellier, il reçoit la commande d'une *Vierge* pour l'église Saint-Gervais. Immédiatement après l'achèvement de cette statue, il se met d'enthousiasme à la figure qu'il veut exposer au Salon : il s'agit du fameux *Mercure rattachant ses talonnières*, que le clan académique s'empressera de revendiquer. Le *Mercure* du Louvre est, en effet, « un morceau caractéristique où se résument toutes les qualités académiques de l'auteur à leur plus grande perfection ». Il égale pour le moins, en son genre, le *Mercure* de Jean de Bologne; c'est un chef-d'œuvre selon les bonnes recettes, « une œuvre de saine abstraction, qui ne vaut, au fond, que par le raffinement technique ». Ceci dit, je reconnais volontiers qu'il est, avec le *Danseur napolitain* de Duret, le morceau académique le plus intéressant qu'ait produit la statuaire du xixe siècle. Tout autre est le *Petit pêcheur napolitain jouant avec une tortue*, qu'il expose au Salon de 1831, avec le buste de David, et un buste de Lapeyrouse commandé par l'État. Le *Petit pêcheur* ouvre la liste des œuvres immortelles sorties du ciseau de Rude. Devant ce marbre animé d'une vie exquise, d'une si incomparable fraîcheur d'exécution, d'un mouvement si jeune et si fin, on ne saurait qu'admirer. C'est une des gloires du Louvre, un délicieux bijou qui brille au premier rang de ses plus rares trésors. La main qui avait conduit si prestement un tel morceau pouvait désormais tout oser. Comme les tableaux de Léopold Robert et la *Barque du Dante* de Delacroix, il est une protestation éclatante « contre les rêveries glacées de l'idéal ». Notez que c'est Charles Lenormant qui parlait ainsi dans le journal *Le Temps* du 21 mars 1833. Rude vient de trancher au profit de la nature, sans réplique et sous les yeux du public ébahi, la grande querelle des classiques et des romantiques. Sans fracas, avec une vue claire et directe, il montre la voie où l'art doit s'engager. Le Bourguignon, élève de Devosge, a triomphé de l'académiste, élève de Cartellier.

A la suite de ce brillant succès, le marbre est acheté par le roi pour le Musée du Louvre et son auteur nommé chevalier de la Légion d'honneur. Rude s'est installé rue d'Enfer, n° 66, dans ce paisible quartier Saint-Jacques, dont il deviendra la figure légendaire. Tout se tient chez cet homme d'une simplicité antique : la droiture du caractère, l'urbanité des manières, la bonté plébéienne.

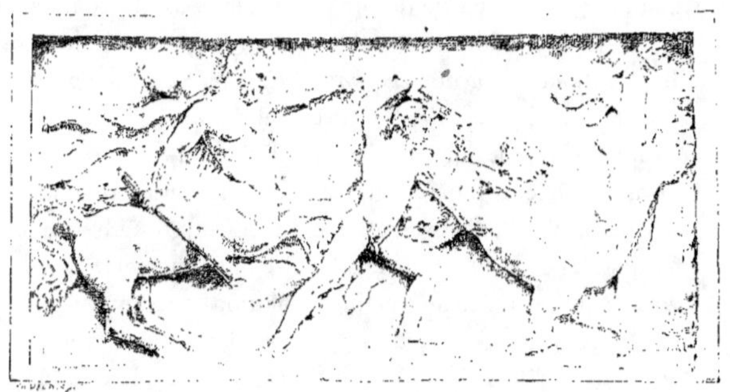

LES PREMIERS EXPLOITS D'ACHILLE, PAR RUDE.
(Château de Tervueren.)

l'énergie morale, et cette allure d'Hercule bon enfant, à la longue barbe de Fleuve, qui après la journée de travail, aime à fumer sa pipe, assis devant sa porte, en regardant jouer les enfants. Sauf le vin dont Rude, en vrai fils de Bourgogne, était très soucieux, aucun luxe inutile, dans cet intérieur tenu par Mme Rude avec une propreté toute flamande. « L'atelier, très rustique, a pour plancher la terre battue, un méchant poêle, deux ou trois mauvais sièges, plusieurs selles à sculpter et quelques moulages » ; sur la table, des cahiers de croquis, des pipes et quelques auteurs favoris, la Bible, Homère, Plutarque, Épictète, Tite-Live, le Mémorial de Sainte-Hélène. Les familiers de la maison sont Roman le sculpteur et Jacotot. Ce dernier eut, dit M. de Fourcaud, une grande influence sur Rude, en le poussant dans les voies de la sculpture exacte par l'emploi du compas et du fil à plomb. Mais nous voici au grand événement artistique de la carrière de Rude : à la commande des travaux pour l'Arc de triomphe.

La vaste entreprise monumentale commencée par Napoléon, en 1806, pour éterniser sa gloire, a marché avec lenteur. A Chalgrin, auteur des premiers plans, ont succédé Goust et Huyot. La pensée de Chalgrin a été respectée dans ses lignes essentielles. Déjà le gros œuvre a dépassé le sommet du grand arc, et Huyot élève l'entablement. Il faut songer à la partie décorative. Rude reçoit la commande d'une partie de la grande frise, celle qui doit représenter, du côté de Chaillot[1]. *L'Armée française revenant d'Égypte.* Ses collaborateurs sont Laitié, Jacquot, Brun, Cailhouet et Seurre aîné. Malgré quelques inégalités de style qui disparaissent dans l'ensemble, cette frise, bien à l'échelle, à reliefs nettement détachés et représentant le beau parti décoratif d'une troupe en mouvement, restera une des plus remarquables conceptions de la statuaire monumentale.

Mais, le 31 juillet 1832, une petite révolution s'accomplit qui va imprimer aux travaux une rapide impulsion. Abel Blouet remplace Huyot. Blouet vient de diriger l'expédition archéologique de Morée ; c'est un véritable artiste, un esprit éminent, un homme plein de décision et de jugement. Pénétré de la valeur de la conception de Chalgrin, il s'efforce de n'y rien apporter que les développements logiques qu'elle comporte. La France ne devra jamais oublier que c'est à Blouet qu'elle doit la réalisation définitive de la plus belle pensée architecturale du siècle. Dans le plan de Chalgrin, les montants des quatre piles devaient être décorés de trophées monumentaux. Blouet reprend le projet des trophées. Mais quelle forme leur donner? A qui en donner l'exécution? Questions redoutables qui engagent la destinée tout entière de l'édifice. Il paraît certain que M. Thiers, grand admirateur du *Mercure* du Salon de 1828, fait

1. Les grands bas-reliefs au-dessous de l'entablement sont de Lemaire, Seurre Feuchère, Chaponnière, Gechter et Marochetti. Ceux de Feuchères (*Pont d'Arcole*) et de Gechter (*Bataille d'Austerlitz*) sont particulièrement remarquables.

lui-même des ouvertures à Rude et lui demande une esquisse des quatre trophées. Notre Dijonnais se met à la besogne avec son entrain habituel. Quatre dessins venus au Louvre avec la collection

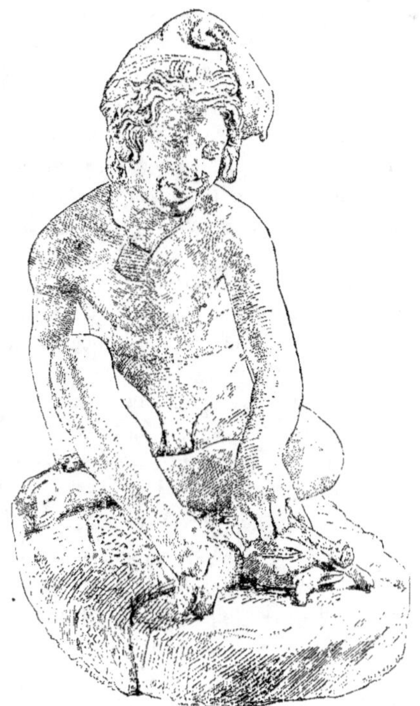

L'ENFANT A LA TORTUE, PAR RUDE.
(Musée du Louvre.)

Gatteaux peuvent seuls nous renseigner sur ce premier débrouille-ment d'un gigantesque programme. Les quatre motifs des pieds-droits doivent représenter le *Départ*, le *Retour*, la *Défense du sol*, la *Paix ;* la plate-forme serait surmontée d'un groupe colossal qui figurerait l'*Apothéose de Bonaparte*. Le *Départ*, dont la disposition varia plusieurs fois dans l'esprit de Rude, devait être, d'abord, une allégorie de la *Guerre* : une femme en fureur, coiffée de serpents, appelle les combattants; un cavalier s'élance à l'ombre de ses ailes. Le *Retour*, destiné à faire pendant au *Départ*, c'est la retraite de Russie. Les débris de la Grande-Armée s'en reviennent vieillis et mutilés; le guerrier qui les conduit a perdu la vue, comme Bélisaire; un dragon de Wagram succombe près de son cheval qui s'abat dans la neige; des loups affamés rôdent autour de cette poignée de braves, tandis que l'Hiver à la longue barbe, enveloppé de peaux d'ours et assis sur un glacier les couvre de ses frimas. La *Défense du sol*, c'est le suprême effort de la France épuisée contre l'invasion étrangère; les derniers défenseurs du pays meurent, les armes à la main, autour de l'autel de la Patrie. La *Paix* agite son rameau d'olivier et fait rentrer le glaive dans le fourreau du guerrier; le laboureur accouple ses bœufs sous le joug de l'Agriculture qui se réveille.

Hélas! ces croquis au trait sont tout ce qui nous reste des puissantes pensées du maître. De sourdes intrigues lui arrachent le meilleur de ses espérances. L'officiel Cortot obtient l'autre groupe, du côté de Paris; le sujet qu'il choisira est le *Triomphe de 1810;* la *Résistance* et la *Paix* sont dévolus au remuant Etex qui vient de remporter un succès de gros public, au Salon, avec une figure de *Caïn*. L'administration, quand il s'agit de commandes, est coutumière de ces maladresses; être collectif et craintif, elle a toujours peur de la véritable originalité et du génie. C'est ainsi qu'elle a manqué le coche, au Panthéon, avec M. Puvis de Chavannes.

Il ne reste à Rude qu'un groupe, celui de droite, face aux Champs-Élysées. Ce groupe est l'admirable chef-d'œuvre que l'on sait : le *Départ des volontaires de 1792*. Aligner des mots sur cette formidable création, qui a jailli comme le tonnerre du cerveau d'un dieu, serait chose vaine. Nulle œuvre n'est plus populaire, nulle n'est plus digne d'exciter l'enthousiasme. Le feu, le mouvement, le relief, la grandeur et l'imprévu de l'idée, le souffle dramatique, la force suprême

de l'exécution, l'échelle monumentale : elle a tout. C'est l'âme même
de la Patrie, qui tressaille dans la pierre; c'est l'appel aux armes d'un
peuple en colère, c'est la levée en masse qui brisera le cercle d'airain

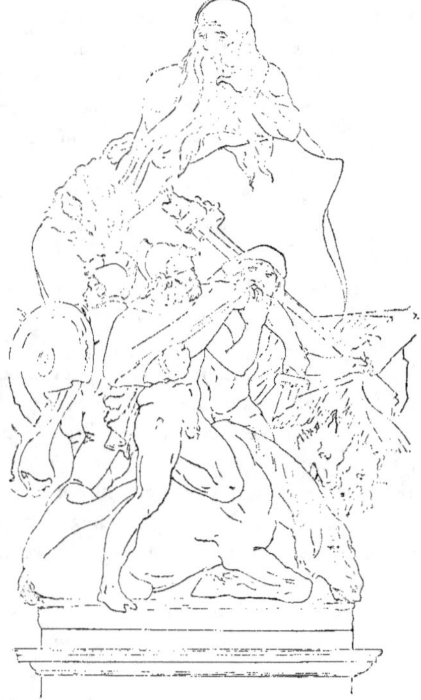

de l'envahisseur; c'est, en un mot, la *Marseillaise* de Rude, monument unique dans l'histoire de la statuaire. D'un coup d'aile, le
maître a affranchi l'art. « Quelque chose meurt en ce groupe, dit M. de
Fourcaud, et quelque chose aspire à s'en dégager. »

Rude est devenu célèbre ; mais, toujours simple, modeste, désintéressé, il n'a point quitté son petit atelier de la rue d'Enfer; il y accourt du chantier de l'Étoile, heureux de retrouver le calme après l'orage de cet immense effort. Comme Cincinnatus, il revient à sa charrue. Nous sommes en 1836. Rude vient de terminer la réduction de son *Mercure* pour M. Thiers, il ébauche la statue du *Maréchal de Saxe* commandée pour le château de Versailles, il termine le *Caton d'Utique* qu'a laissé inachevé son ami Roman, mort récemment.

Le *Maréchal de Saxe* entre à Versailles en 1838. C'est une statue à costume, en demi-cuirasse, le bâton de commandement à la main. L'œuvre est traitée avec un souverain sentiment de l'histoire. On pense, en la voyant, à un Houdon très solide ou à un beau Caffieri. « Le héros a de l'élégance et de l'autorité, une physionomie tout ensemble volontaire et voluptueuse, des traits nobles dans un visage plein, un corps bien équilibré en son ampleur..... L'exécution se fait insinuante, jusqu'au dernier raffinement. La tête pense, les mains vivent, le costume est légèrement et librement porté. La figure nous frappe de son aplomb solide et de sa distinction majestueuse. A chaque matière exprimée répond un travail différent, rendant l'animation des chairs, la dureté et le luisant du métal, le lustré de la soie. D'ailleurs, nulle petitesse; tout est franc d'attaque et large de fini [1]. »

Le *Louis XIII enfant*, qu'il exécute peu après pour le duc de Luynes, la *Jeanne d'Arc écoutant les Voix* et le *Monument de Fixin*, appartiennent à la même famille d'œuvres à tendance historique, série capitale dans la carrière de notre sculpteur. Rude, en effet, y a mis, avec toute son âme, une puissante compréhension de l'histoire, une observation profonde et le plus vif sentiment de la nature. Ce sont des restitutions de personnages disparus, que l'artiste s'est loyalement efforcé de relever par la plus grande part possible de vraisemblance, d'expression et de vie; elles sont filles de son intelligence, au moins

1. *François Rude*, par M. L. DE FOURCAUD.

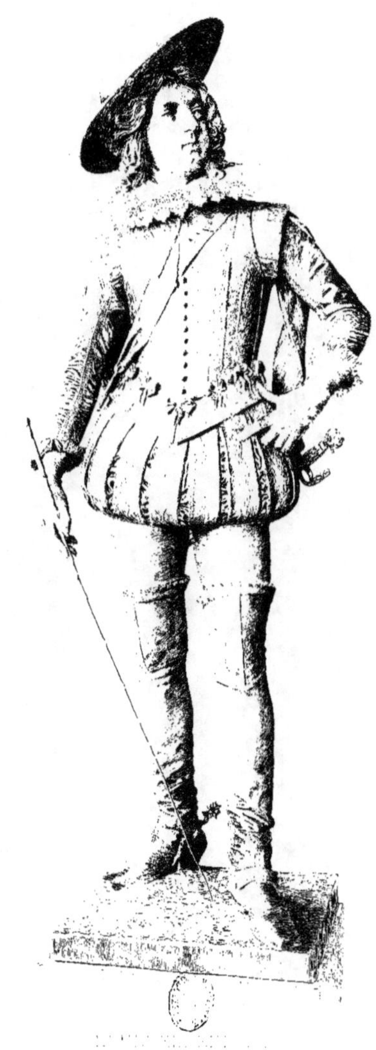

autant que de sa main. Nature chaleureuse, désintéressée et vibrante, il s'éprend successivement d'idées en apparence contradictoires, simplement parce qu'elles s'offrent à son esprit avec la force d'une vision obsédante ; parce qu'elles résument à ses yeux une époque, un fait dominant, un type humain exceptionnel, une grande action, un caractère. C'est de cet ordre de préoccupations que sont nés le bas-relief du *Départ*, le *Maréchal de Saxe*, le *Louis XIII*, la *Jeanne d'Arc* et le *Napoléon* de Fixin. Rude revient par tous les chemins au portrait et à la statue iconique. Le reste n'est pour lui que besogne de commande, dont il s'acquitte assurément avec le sérieux et la probité qu'il apporte en toutes choses, mais qui n'échauffe pas sa veine.

La *Vierge* de Saint-Gervais lui vaut d'autres travaux d'art religieux. Il exécute, pour la Madeleine, en 1842, un grand groupe en marbre représentant le *Baptême du Christ ;* la figure principale n'est qu'un bon morceau d'atelier ; les figures accessoires ne sont que des comparses. Ce puissant distributeur de vie est battu, ici, par un simple arrangeur de belles lignes élégantes. L'*Apothéose de Sainte Madeleine*, par Marochetti, est très supérieure dans sa grâce mondaine, à ce *Baptême* élaboré sans conviction. Rude n'est point fait pour l'art religieux ; son génie ne conçoit pas l'abstraction pure.

Il est plus heureux, il est vrai, avec le grand groupe d'autel de Saint-Vincent-Paul, un *Calvaire* en bronze admirablement fondu par Eck et Durand. L'artiste s'y retrouve déjà dans une technique hors de pair ; il a su rajeunir une donnée devenue banale, par la force concentrée de l'expression et le beau mouvement dramatique. On ne connaît pas assez ce groupe superbe, dont l'effet s'augmente de la pénombre qui l'enveloppe. Le Christ en croix, la Mère de douleur, Saint Jean le disciple bien-aimé, sont trois créations pathétiques qui se gravent dans le souvenir. On dit que pour la tête de Saint Jean, qui a toute l'accentuation d'un portrait, Rude s'est servi du visage d'un jeune homme qu'il affectionnait, Bernard Chazalette, de Nuits, mort à vingt-deux ans, et dont les traits furent moulés sur son lit funèbre. L'exécution de ce groupe important a duré cinq ans, de 1848 à 1852. La patine rappelle celle des beaux bronzes de Houdon.

Le *Louis XIII* en argent du château de Dampierre, également fondu par Eck et Durand, semble à Rude un délassement au milieu de ces œuvres de long effort. Dans le *Manège royal* de Pluvinel, il a vu la figure du jeune roi, instruit par un écuyer dans l'art de l'équitation; il rendra l'adolescent dans son élégance cavalière, et ce sera, dit M. de Fourcaud, « la synthèse des aristocratiques affinements ». On a admiré, à l'Exposition des Alsaciens-Lorrains, en 1876, ce morceau délicieux, d'une facture si précieuse, si amoureusement parachevée jusqu'en ses plus minces détails. Grandes bottes plissées et évasées, haut-de-chausses bouffants, pourpoint brodé de cannetilles, collerette de dentelles, large chapeau à plumes : tout cela est rendu avec un brio qui est comme une caresse.

M. de Luynes, émerveillé, ne jugea point suffisante la somme de six mille francs dont se contentait Rude, et, non sans peine, lui en fit accepter dix mille.

La *Jeanne d'Arc écoutant les Voix* avait été commandée à l'artiste par l'État, en 1845. Le marbre était destiné à orner, avec une série de statues de femmes célèbres, les terre-pleins du jardin du Luxembourg. Mais ce n'est qu'en 1848 que le travail est mis en chantier; l'œuvre, achevée quatre ans plus tard, figure au Salon de 1852. Nulle ne lui a coûté plus de soucis et de recherches. Il s'agit, en effet, de rendre sous une forme plastique « un état d'âme tout ensemble violent et flottant », un état de suggestion, presque d'égarement, qui, pour rester sculptural, risquait de devenir incompréhensible. Rude a triomphé des difficultés du problème avec un singulier bonheur, mais aussi avec une audace qui ne devait pas laisser d'effaroucher les Philistins de l'époque. C'est que cette œuvre originale et aiguë rompt en visière, plus hardiment qu'aucune autre, avec le faux goût alors en honneur. On oublie aisément quelques détails surannés de l'ajustement pour ne voir, dans cette vivante effigie, que le drame intime exprimé de façon « si neuve, si humaine et si française ».

Cette année 1842 marque un moment décisif dans la vie de Rude.

Il vient d'achever le buste de Dupin, une merveille de caractéristique
expressive. De grands projets hantent son esprit; il touche aux points
culminants. Les dix ans qui s'écoulent entre 1842 et 1852 verront
naître ses œuvres les plus significatives. Après quelques hésitations, il
se résout à ouvrir un atelier, près de chez lui, dans la rue d'Enfer,
pour y former des élèves. De nombreuses demandes lui sont parve-
nues, surtout après la dissolution de l'atelier de David d'Angers. Rude
a, de nature, les qualités du professeur : la fermeté jointe à la bonho-

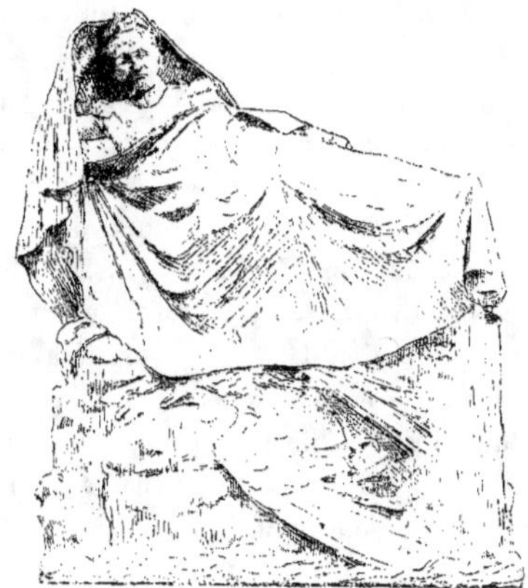

LE MONUMENT DE FIXIN, PAR RUDE.

mie, la probité de l'enseignement, l'entrain de la parole, la prestance
physique, l'autorité d'une science impeccable. De son école sortiront
quelques-unes des brillantes individualités de la génération nouvelle.
Il sera adoré et vénéré de ses élèves, qui parleront toujours « du père
Rude » avec un respect ému. Sa pédagogie, essentiellement technique,
est fondée sur l'étude rigoureuse de la nature. S'il se réclame des
Anciens, qu'il admire profondément, ce n'est pas pour provoquer
la copie de leurs canons, c'est pour exalter les preuves qu'ils ont
fournies de leur sens de la vie et de leur amour de la vérité, car on

ne saurait s'élever plus haut que la nature, et pour s'élever jusqu'à elle il faut être armé de tous les moyens d'action que l'art met en nos mains. « Je suis ici, répétait-il souvent, pour vous apprendre à sculpter et non à penser. Tout est dans la sincérité de l'observation et du travail. » Volontiers eût-il ajouté, comme Ingres : « Quand bien même vous auriez pour cinq cent mille francs de métier, ne manquez pas d'en acquérir encore pour deux sous si vous en trouvez l'occasion. » Donc il cherche avant tout à inculquer à ses disciples « l'habitude des formes exactes et des mouvements justes, qui conduit, par force logique, à l'expression des sentiments vrais ».

Il y a évidemment dans cette âme généreuse, nourrie de Plutarque et de Tite-Live, un entraînement naturel à glorifier les grands aspects de l'histoire. Nous l'avons vu successivement aux prises avec l'idée démocratique, représentée par le groupe du *Départ*, et avec l'idée mystique, représentée par *Jeanne d'Arc;* le voici maintenant absorbé par l'idée césarienne, rêvant d'élever un monument à la mémoire du martyr de Sainte-Hélène. Le projet a germé en pays bourguignon, durant les promenades qu'il fait l'été, chez les Moyne, à Chambolle, sur la côte de Chambertin. Il rencontre souvent un ami de Fixin, le capitaine Noisot, un ancien grenadier de l'Empire, qui vit dans le culte du passé. Tout en fumant une bonne pipe, on évoque les vieux souvenirs. Noisot a suivi son maître jusqu'à l'île d'Elbe; c'est un illuminé, un fanatique; hors la gloire de Napoléon, tout lui est indifférent. Rude se met volontiers au diapason; au fond, son républicanisme est fortement teinté de sympathies napoléoniennes. Un jour que Noisot lui faisait visiter quelques arpents de bois qu'il venait d'acquérir, à mi-côte, dans un site agreste, d'où le regard embrasse la plaine de Bourgogne, les Alpes et le Jura, la pensée vint aux deux hommes qu'un monument élevé en ce lieu, dans ce coin sauvage, en souvenir du grand homme, pourrait faire belle figure. Noisot fournirait le terrain gratuitement, pourvoirait à la dépense de la fonte du bronze et de la mise en place; Rude se chargerait de l'exécution de la statue. De retour à Paris, l'artiste se met d'emblée à la besogne. Dans une première esquisse, conservée aujourd'hui au petit musée de Fixin, il représente Napoléon mort, demi-nu, allongé sur un roc et gardé par son aigle. Cette interprétation désenchantée

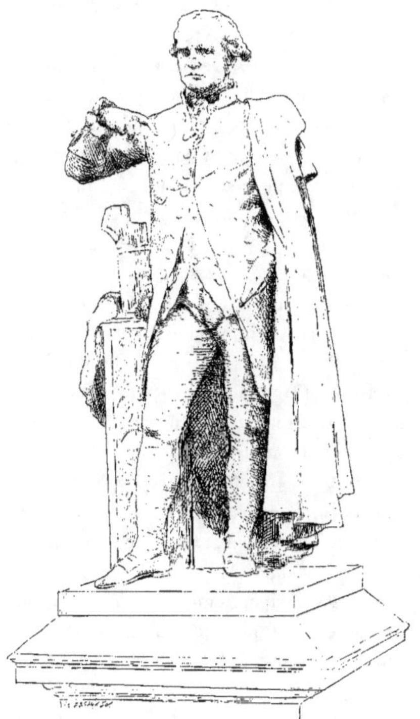

et matérialiste ne le satisfait pas. Il cherche une allégorie consolante et qui réponde mieux aux pensées de son ami. Son Bonaparte expire sur un écueil et doit se réveiller à l'immortalité, rajeuni par la mort, brisant ses chaînes, son aigle, symbole de guerre, foudroyé à ses pieds. Ce sera une apothéose pleine de grandeur, de hardiesse et de nouveauté. Cette conception le séduit au point qu'il la réalise sans désemparer. L'œuvre, achevée en un an, est exposée au Salon de 1846, où la critique la salue d'applaudissements unanimes.

Aujourd'hui, le monument élevé par Rude à la gloire de Napoléon et légué par le capitaine Noisot, avec le parc qui l'entoure, à la petite ville de Fixin, est un peu oublié. Les touristes qui s'arrêtent à Dijon ne poussent guère jusque-là; ils y verraient cependant un spectacle d'un rare intérêt. Le bronze, fondu par Eck et Durand, a été placé dans le petit parc solitaire et mélancolique, au milieu d'une clairière de sapins. Les arbres ont grandi et projettent sur lui leur ombre solennelle. Les intempéries de l'air l'ont revêtu d'une patine superbe. La draperie que soulève et écarte Napoléon, encadre le haut de la figure et lui donne un aspect mystérieux, les paupières encore baissées semblent prêtes à s'ouvrir, le mouvement lent du bras est celui d'un homme qui se réveille, et lorsqu'on débouche inopinément dans ce cercle de verdure, on est frappé comme par l'apparition d'une forme vivante revenant d'outre-tombe. Chaque fois que je me suis trouvé en présence de cette création étrange, l'émotion a été la même, l'impression aussi forte. Il y a, en tout ceci, on ne saurait le nier, un côté de mise en scène pittoresque; mais cette mise en scène s'accorde si bien avec l'œuvre, qu'on ne cherche pas à en faire le départ dans le sentiment que l'on éprouve. Malgré l'accumulation des pensées accessoires, la pensée principale emporte et domine tout. La poésie du sujet, la silhouette, le mouvement dramatique, l'expression du visage de ce cadavre qui s'anime, le dessin de l'aigle qui expire sur le récif battu par les flots : tout cela constitue une invention sans précédent et d'une pénétrante originalité. Involontairement on se tait, on regarde longuement; les plus indifférents se sentent pris par une sensation indéfinissable, sorte de terreur religieuse qui fait passer comme un souffle à travers le feuillage des arbres.

Le *Godefroy Cavaignac* en bronze, du cimetière Montmartre, évolue dans un ordre de pensées analogue. Les deux œuvres ont été

exécutées ensemble dans l'atelier. En véritable artiste, Rude apporte
le même entrain à glorifier la démocratie républicaine, qu'il en
met à glorifier le césarisme. Nous savons que les deux idées font
excellent ménage en lui ; sa grande âme est toujours prête aux besognes
généreuses. La souscription publique a été maigre. Étienne Arago
vient trouver le statuaire, au nom du comité : « Pourquoi parler
d'argent ? répond Rude. Vous désirez que je fasse le mausolée de Godefroy Cavaignac : je le ferai pour rien. Je sais ce que valait l'homme ; il
ne m'en faut pas plus. Mieux encore, s'il est utile que je contribue à la
dépense de mes deniers, dites-le-moi sans hésiter : combien faut-il
souscrire ? » La composition du sujet a, d'ailleurs, jailli dans l'âme de
l'artiste. Il représentera Cavaignac sans apparat, dans la dignité et la
simplicité de la mort, comme les « gisants » de nos vieux imagiers. La
tombe sera formé d'un simple cube de marbre sur lequel reposera
le cadavre raidi, enveloppé d'un linceul qui en laissera transparaître
les saillies. La tête est à découvert, posée sur un coin du suaire,
inclinée, émaciée, douloureuse, comme tiède encore de la dernière
moiteur de l'agonie, les cheveux collés au front, les orbites creuses,
« la lèvre à la moustache de soldat taillée en brosse, les joues hâves,
le menton net plaqué d'une courte et fruste barbe », tout cela est
traité avec un souci de vérité poignante. Admirable leçon d'art !
Rude, par la hauteur même de son œuvre fournit cette démon-
stration que l'artiste, « pour tout dominer, n'a qu'à s'absorber dans
l'intensité du réel ».

La figure nue a été modelée tout entière par la main de Rude,
avec une sorte de fiévreuse énergie ; il dispose la draperie sur le man-
nequin et confie l'exécution du linceul à l'un de ses élèves préférés,
dont il retouche avec soin le travail. L'ouvrage terminé, il écrit de sa
main sur l'argile fraîche : « Rude et son jeune élève Christophe. »
C'est encore la maison Eck et Durand qui sera chargée de la fonte
et elle s'acquittera de la tâche avec son habileté coutumière. Nous
remarquerons que dans ce bronze, comme dans les autres, Rude, qui
a manié lui-même le métal et en connaît les ressources, évite avec

soin les patines artificielles, — la lèpre de nos bronzes modernes,
« l'affreux cirage », comme dit Carpeaux, — et laisse au temps la
charge de faire vivre l'épiderme de sa statue. Le chef-d'œuvre, achevé
en 1847, ne fut mis en place qu'à la fin de février 1856.

Cette effigie dramatique de Godefroy Cavaignac, traitée en portrait
funéraire, mène, par une gradation naturelle, aux grandes statues
iconiques de la fin : au *Monge*, au *Bertrand*, au *Ney*. Dans cette
féconde année 1847, tout semble sourire à Rude. Deux comités de
souscriptions se sont adressés à lui pour deux monuments impor-
tants : la statue du maréchal Lobau et celle de son illustre compatriote,
le mathématicien Gaspard Monge. Cette dernière est destinée à la
ville de Beaune. Rude en accepte avec orgueil la commande et remet
le Lobau à d'autres temps. Il a connu le grand homme dans sa jeunesse ; aidé des souvenirs de Jacotot et d'un portrait de Naigeon, il en
reconstitue la physionomie, qui s'anime bientôt sous sa main comme
celle d'un personnage vivant. Il le représente, non en dignitaire de
l'Empire, mais en savant, dans son habit à la française, debout, le
visage tendu par l'effort puissant de la pensée, l'attitude grave et
recueillie, soulignant par un geste démonstratif la phrase qui semble
sortir de ses lèvres. Geste unique, inouï, indescriptible, dont on ne
pourrait trouver l'équivalent dans aucune autre statue et qui évoque
aux yeux la sensation même de l'action et de la parole. Quant à la tête,
elle est tout simplement sublime. Ceux qui n'ont pas été à Beaune en
pourront juger d'après l'admirable plâtre provenant de l'atelier de
l'artiste, qui se trouve maintenant au Louvre. Comme le remarque
avec justesse M. de Fourcaud, la statuaire antique n'a rien à démêler
avec ce chef-d'œuvre, ni la statuaire du moyen âge. Tout ici est
formellement moderne, d'une modernité audacieuse, même révolutionnaire, si l'on songe à ce qui se faisait alors. Chaque détail
converge vers l'affirmation d'une réalité nettement objective, rigoureuse
et forte. L'aisance de la pose et du mouvement, l'ajustement si naturel
du costume, l'expression surprenante du visage, le geste trouvé dans
un éclair de génie, tout s'impose avec une autorité irrésistible. Le

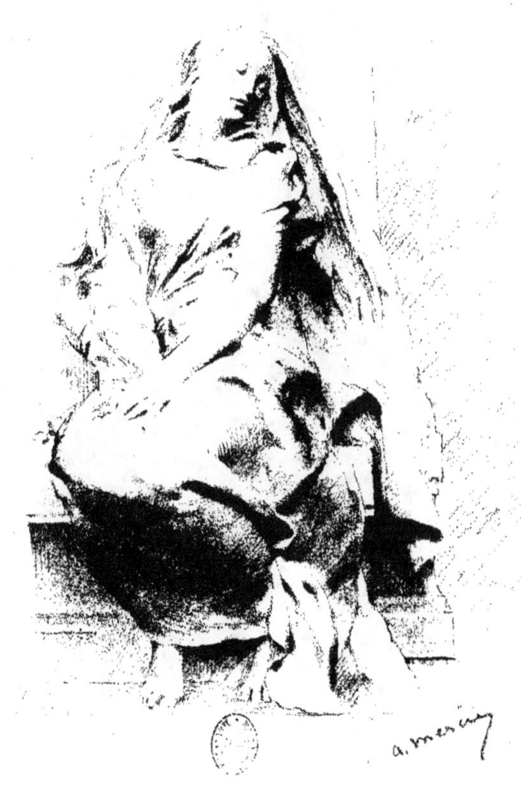

Gaspard Monge n'est pas seulement la gloire de la ville de Beaune, il est la gloire de la statuaire française [1]. Rude y atteint, avec une vigueur magistrale, le but suprème de l'art : l'alliance de l'idée et de la forme. Car l'originalité expresse de ce grandissime artiste est d'être à la fois un sculpteur d'idées et un sculpteur de formes, comme tous les

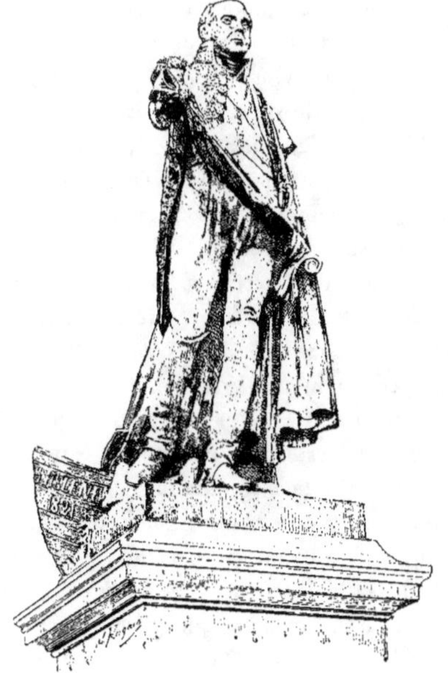

LE GÉNÉRAL BERTRAND, PAR RUDE.
(Ville de Châteauroux.)

maîtres vraiment supérieurs, comme Phidias, comme Sluter, comme Donatello, comme Michel-Ange, comme Houdon.

La statue du *Général Bertrand*, commandée à Rude par la ville de

1. Le bronze fut placé sur son piédestal et inauguré le 2 septembre 1848. La critique d'alors, aveuglée par une lamentable routine, n'y voulut rien comprendre. Elle célébra le personnage représenté, traita le sculpteur avec politesse, et ce fut tout.

Châteauroux en 1847 et achevée en 1852, n'est assurément pas d'une réussite aussi complète que le *Monge*. Le personnage ne portait pas en lui-même la même signification. Il y a une autre étoffe dans la représentation d'un homme de science, comme Monge, que dans celle du loyal serviteur d'un trône, comme Bertrand. Mais, après avoir constaté cette inégalité des conditions morales des deux œuvres, il faudra reconnaître que l'artiste a mis dans l'exécution de la statue du général Bertrand la même hauteur de vues, le même souci d'exactitude historique, de synthèse et de vérité, la même incomparable habileté technique. Dans l'été de 1852, Rude remit son modèle à ses fondeurs habituels, Eck et Durand; au printemps de l'année suivante, la statue fut exposée au Salon, et le 4 juillet 1854, inaugurée à Châteauroux. Le héros est représenté au moment où il débarque en France, après la mort de Napoléon, l'épée d'Austerlitz et les dernières volontés de son maître dans les mains. La proue du navire qui vient de l'apporter porte inscrit sur son bordage : « *Sainte-Hélène 1821* », et la borne à laquelle il s'amarre ce seul mot : « France ». Il n'y a pas à s'y tromper, ce que Rude a voulu *peindre*, — et je prends le mot peindre dans l'acception qui convient à une statuaire aussi expressive et aussi colorée, — ce n'est pas le talent militaire, c'est l'inaltérable fidélité d'une vie de dévouement. C'est bien un sentiment de religieuse tristesse, de douce fierté et de piété attendrie qui se dégage de tout l'ensemble de cette belle figure. Elle s'avance vers nous avec noblesse, tête nue, en redressant sa haute taille que grandit encore le costume décoratif de général de l'Empire. On a peu parlé de cette œuvre de Rude, reléguée dans un coin de province lointaine; elle appartient cependant à la famille de ces créations d'art « sincères et profondes » qui, survivant au courant d'idées qui les a fait naître, restent parées d'une fraîcheur immortelle.

Le vieux maître approche du déclin de la vie. A part les deux figures d'*Hébé* et de l'*Amour dominateur du monde*, commandées, l'une par la municipalité dijonnaise pour le Musée de la ville, l'autre par son vieil ami Devosge, sortes de délassements séniles où réapparaîtront les compromis et les hésitations de sa prime jeunesse, il n'engagera plus qu'une seule bataille, mais cette dernière bataille lui vaudra un de ses plus éclatants triomphes. Il s'agit de la statue du maréchal Ney érigée par le gouvernement de Napoléon III, à l'endroit même où le « Brave des Braves » était tombé victime des passions politiques. La pensée de ce monument expiatoire occupe d'ailleurs l'esprit de Rude depuis de longues années. Son logis est voisin de l'endroit sinistre où s'est accompli le drame: il s'y rend souvent, en ses songeries, tête nue, comme en un lieu de pèlerinage; il se fait raconter par le concierge de l'Observatoire, un des rares témoins de la scène, l'horrible et courageuse fin du héros. Déjà, quand il modelait le buste de Dupin, il rêvait d'une statue héroïque où pourraient déborder à l'aise ses sentiments de colère vis-à-vis d'un tel forfait; il entretient souvent ses élèves de son projet et se complaît à leur narrer les détails de la matinée tragique : Ney tombant la face contre terre en criant : « Vive la France! »; le peloton d'exécution fuyant la vue du crime, et s'éloignant, avec hâte, dans la brume; le cadavre transporté sur un brancard à la Maternité, puis enterré comme celui d'un chien... Il a l'esprit hanté de ces images; aussi, lorsque le 27 mai 1852, le ministre de l'Intérieur, M. de Persigny, lui annonce qu'il est chargé de la statue, se jette-t-il sur ce dramatique sujet comme sur une proie longtemps convoitée. Le dessin du piédestal est confié à l'architecte Gisors. Le maréchal, ainsi qu'on l'avait d'abord voulu, ne devra pas être représenté au moment suprême, où, se découvrant, il « montre sa poitrine à la mort »; il sera *en costume militaire*, dans sa gloire de soldat; le monument ne saurait être « une œuvre de rancune », mais seulement « le signe d'une réhabilitation proclamée par la conscience publique ».

Le 14 mai 1853, les ciseleurs d'Eck et Durand mettent la dernière main au bronze. L'inauguration a lieu le 7 décembre, jour anniversaire de la mort de Ney, au milieu de la plus imposante cérémonie. L'archevêque de Paris, en chape noire, vient de psalmodier le *De profundis*; au roulement voilé des tambours la foule se découvre, le chef-d'œuvre de Rude apparaît au milieu d'une immense clameur. C'est le Ney d'Iéna, de Friedland, de la Moskowa, de Waterloo et de trente mêlées épiques, le sabre au clair, la tête haute, tout le corps tendu par le formidable : *En avant!* qui semble s'échapper de sa bouche ouverte. Rude, avec une audace toute moderne et à l'encontre des critiques les plus doctes, avait déjà exprimé le *cri*, ce signe extérieur de la surexcitation humaine la plus intense, dans le Génie de la Guerre à l'Arc de Triomphe. Le cri du maréchal Ney conduisant la charge au carrefour de l'Observatoire est plus extraordinaire encore ; l'énergie en est encore augmentée de toute la véhémence de tension de ce corps qui s'élance comme emporté dans un tourbillon. Je laisse de côté tous les détails de l'exécution, qui sont à la fois d'un penseur et d'un technicien admirables ; devant cette œuvre vivifiée par la plus ardente émotion, je ne vois que cette émotion, que la puissance du cri, que l'action. Jamais, en effet, l'art de la statuaire n'avait osé aborder avec cette décision le problème si redoutable du corps en mouvement ; du même coup, Rude en a touché les dernières limites, en communiquant au métal la flamme de la vie. La statue du maréchal Ney est peut-être, à ce point de vue, le plus *moderne* de ses chefs-d'œuvre.

Rude approche de ses soixante-dix ans. Sa santé, jusque-là si robuste, est ébranlée ; il a des malaises, des suffocations, qui proviennent d'une maladie du cœur. Il peut encore assister à son triomphe à l'Exposition universelle de 1855, où il reçoit la première médaille d'honneur de la sculpture, par 47 voix sur 50 ; puis le mardi, 3 novembre, au moment où il allait descendre à l'atelier, il est pris d'une oppression subite, et s'éteint stoïquement, simplement, comme il avait vécu, paré de cette beauté souriante et apaisée qui reflétait sa grande âme, laissant en exemple à la postérité toute une vie d'abnégation, d'énergie, d'honnêteté professionnelle, et une quinzaine de chefs-d'œuvre qui demeureront l'honneur de notre pays.

Ajoutons que Rude mourut sans être de l'Institut. Trois fois mis en balance, il se vit préférer successivement Duret, Lemaire et Simart !

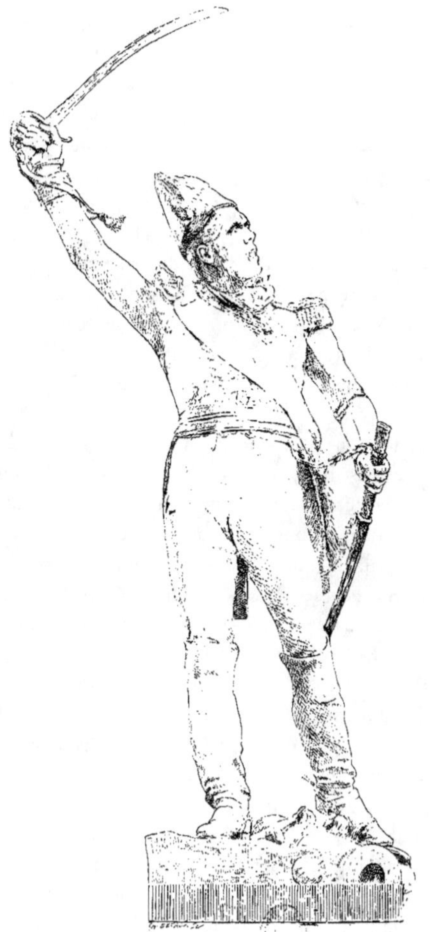

LE MARÉCHAL NEY, PAR RUDE.
(Place de l'Observatoire, à Paris.)

De Rude à Barye la transition est naturelle. Les deux maîtres offrent plus d'un point de ressemblance; tous deux, partis de l'éducation classique, ils se sont affranchis des formules apprises, par leur sincérité foncière devant la nature et leur amour de la vérité; tous deux ils avaient cette âme fière et désintéressée, cette solidité de jugement et cette indépendance de goût qui caractérisent les hommes vraiment supérieurs; tous deux ils ont dédaigné les suffrages des masses; tous deux enfin ils ont servi avec une égale fermeté la cause de l'art vivant, chacun apportant dans son domaine une puissante originalité de formes et de pensées. Sans liaison personnelle avec Rude, Barye a marché avec lui et combattu à ses côtés le bon combat. L'universelle admiration qui, après une longue indifférence, entoure aujourd'hui sa mémoire, démontre surabondamment que les efforts du grand sculpteur animalier n'ont pas été vains. D'autres artistes ont excellé dans la plastique d'animaux, Fratin de Metz notamment, qui y a dépensé beaucoup d'esprit, de verve et d'adresse; mais aucun n'y a apporté ce style, cette noblesse, cette simplicité qui, entre les mains de Barye, l'ont élevé au niveau du plus grand art.

Antoine-Louis Barye naît à Paris le 24 septembre 1796. Après avoir fait un apprentissage de quelques années chez un ciseleur sur métaux, il reçoit les premières leçons de dessin dans l'atelier de Bosio; puis il entre chez Gros et, en 1818, à l'École des Beaux-Arts, où il remporte le second prix de Rome; mais il quitte bientôt la voie officielle, abandonne résolument la camaraderie d'école et se lance solitairement à la recherche d'un idéal inexploré. C'est par le Salon qu'il aborde le public. Dès 1831, nous le voyons se mesurer avec la sculpture d'animaux; il expose un *Tigre dévorant un crocodile*, et un *Ours*. Entre temps il travaille pour l'orfèvre Fauconnier, qui a discerné les merveilleuses aptitudes du jeune homme pour le maniement du bronze. L'artiste a trouvé sa voie, une voie toute personnelle, qu'il poursuivra imperturbablement, montant de chef-d'œuvre en chef-d'œuvre, entremêlant çà et là ses groupes d'animaux de compositions décoratives et de figures de style.

Ce maître illustre n'a pas d'histoire. Lisez ses biographes; ils parlent à peine de l'homme, qui se livrait peu. Ennemi du bruit, de l'emphase et de la réclame, concentré dans un labeur acharné, il a vécu dans l'isolement un peu taciturne de ceux qui observent et réfléchissent, ne sortant guère de son atelier de la montagne Sainte-Geneviève que pour se livrer à ses admirables études anatomiques du Jardin des Plantes. Comme Rude, mais avec une vie encore plus unie et plus calme, Barye fut un modèle de très haute vertu et de stoïque sagesse; c'est de tout point un caractère. Aussi, tandis que les commandes affluent chez les David, les Pradier, les Marochetti, les Etex, est-il laissé longtemps à l'écart. A part le Lion de la colonne de Juillet

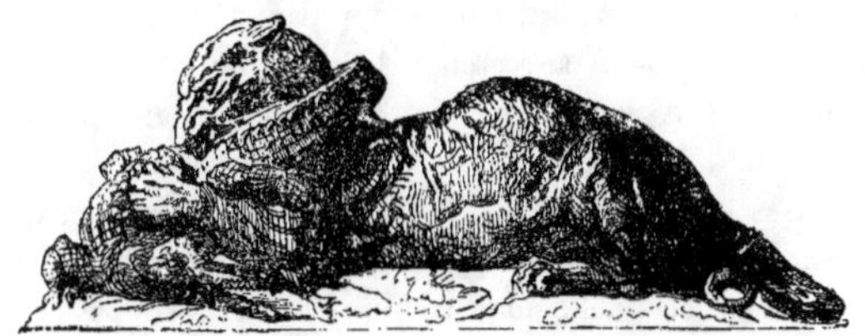

TIGRE DÉVORANT UN GAVIAL, PAR BARYE.
(Musée du Louvre.)

qui lui est dévolu, et quelques acquisitions faites par l'État au Salon, c'est à grand'peine qu'on lui obtient l'exécution d'un surtout de table pour le duc d'Orléans. Plus tard, l'État, plus équitable, lui attribuera quelques travaux fructueux au Louvre et aux Tuileries.

L'événement notable de la vie de Barye, c'est l'entrée en relations avec la maison Barbedienne. Il ne faut pas oublier, en effet, que l'œuvre presque entier de Barye a été édité par cette célèbre maison, qui, soit dit en passant, a tout fait pour remettre en honneur et populariser le bel art du bronze.

Si l'existence de l'artiste semble uniforme à la surface, un monde vivant de créations, sorti de sa main féconde, est là pour nous montrer à quelles fièvres intérieures a été en proie cette âme de silencieux,

repliée sur elle-même. Nous les avons vues réunies en la splendide
exhibition organisée, il y a deux ans, au quai Malaquais, dans le but
de recueillir les sommes nécessaires à l'érection d'un monument commémoratif. L'exposition, visitée seulement par une élite de délicats, fut
nulle au point de vue de la recette, et il fallut l'intervention aussi
efficace que généreuse des Américains, ardents admirateurs du talent
de Barye, pour que la réalisation du projet devînt chose possible [1].
L'effort cependant ne fut pas perdu; durant deux mois, on a pu voir,
en une assemblée merveilleuse, ce monde tout pantelant de vie, créé
par un des génies les plus originaux de l'art moderne. Le spectacle
était unique, et ceux qui l'ont vu devront s'en souvenir à jamais. Si
les grandes pièces faisaient défaut, — on avait dû reculer devant les
frais de moulage, — si on regrettait l'absence de la statue équestre
de Bonaparte, à Ajaccio, des groupes du Louvre, et des lions des
Tuileries et de la Bastille, on avait, du moins, en épreuves exquises
et rares, tous les grands et petits bronzes, tous ces précieux objets
d'étagère aux adorables patines, qui constituent à proprement parler
l'Œuvre de Barye. Quelle nomenclature! Je ne résiste pas au désir
d'en rappeler dans l'ordre chronologique quelques points culminants.

Ce sont d'abord le *Tigre dévorant un Gavial*, du Salon de 1831,
dont le bronze, acquis par le ministre de l'Intérieur, est maintenant
au Louvre, et le grand groupe du *Lion au serpent*, du Salon de 1832,
chef-d'œuvre aujourd'hui célèbre, dont l'État avait acheté l'épreuve
unique pour en décorer la terrasse du bord de l'eau, aux Tuileries;
puis, au Salon suivant, une suite de petits bronzes, parmi lesquels le

---

1. Nulle part, pas même en France, les œuvres de Barye n'ont été appréciées et collec-
tionnées comme en Amérique. M. Walters, de Baltimore, a envoyé à lui seul au Comité
du monument un chèque de 50,000 francs. Il n'est point glorieux pour nous de penser
que la propre patrie de l'artiste a eu besoin d'un tel renfort. Par la même initiative,
M. Charley Kay, de New-York, vient de publier un livre somptueux, aussi bien
écrit qu'admirablement illustré, *Barye, Life and Works*. La France s'est acquittée avec
quelques articles de revues, — parmi lesquels nous citerons ceux de MM. Paul Mantz
et Bonnat dans la *Gazette des Beaux-Arts*, de M. Arsène Alexandre, dans l'*Art*, — et avec
un important ouvrage de M. Roger-Ballu, la *Vie et l'œuvre d'Antoine-Louis Barye*.

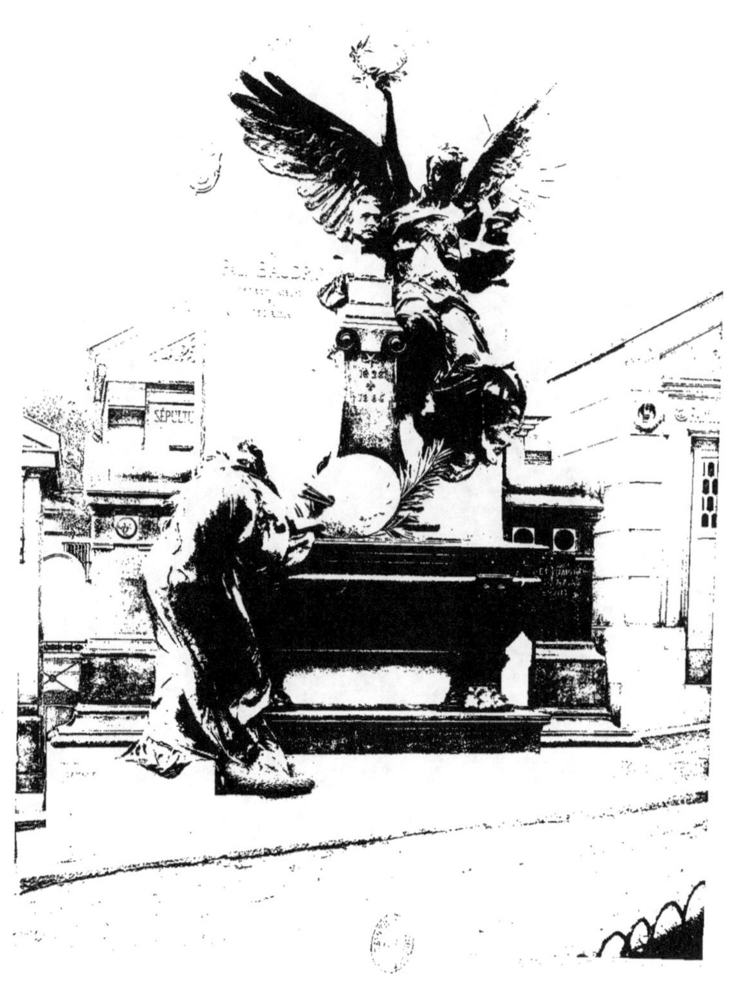

Charles VI dans la forêt du Mans, un peu dans le goût romantique
d'Antonin Moine, le buste du duc d'Orléans, le *Cheval attaqué par
un jeune lion,* l'*Éléphant d'Asie,* l'*Ours de Russie* et l'*Ours des Alpes;*

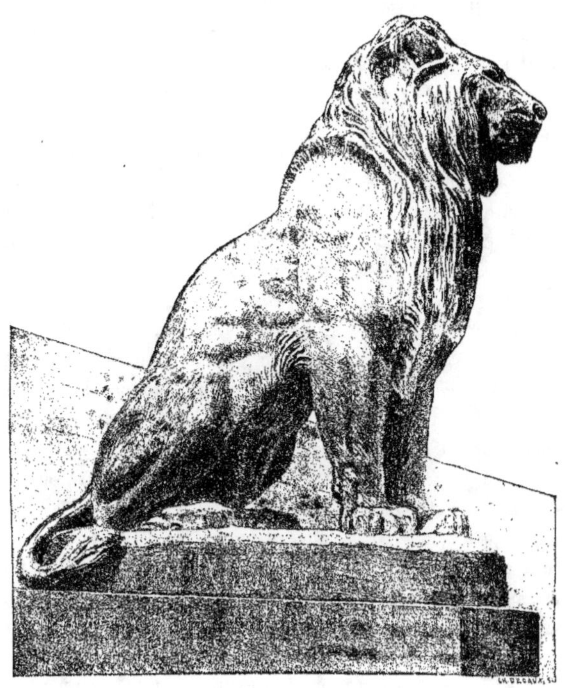

LION, PAR BARYE.
(Bronze du guichet de l'Empereur, aux Tuileries.)

en 1833, une série d'aquarelles d'animaux et quelques bronzes,
notamment le *Tigre dévorant un cheval;* en 1834, les neuf groupes
formant le surtout de table du duc d'Orléans, des aquarelles et une
admirable suite de bronzes, les plâtres du *Cerf surpris par un*

lynx et de la *Panthère dévorant une gazelle ;* en 1835, un Tigre colossal, en pierre, pour le Musée de Lyon, et le même, réduit en bronze, pour M. Thiers ; en 1836, il est refusé au Salon, le plâtre seul du *Lion au repos* est accepté ; il vient de finir le bronze du *Cerf surpris par un lynx,* épreuve unique offerte par le duc d'Orléans à Alexandre Dumas. Barye restera dix années éloigné du Salon. En 1837, il exécute l'*Éléphant écrasant un tigre ;* en 1838, la statuette équestre de Bonaparte : en 1839, le modèle en plâtre du lion de la colonne de Juillet, et la statuette du *Gaston de Foix ;* en 1840, le groupe de *Roger et Angélique sur un Hippogriffe ;* en 1842, la *Biche au repos ;* en 1846, l'admirable groupe en bronze de *Thésée et le Minotaure ;* en 1847, le grand lion en bronze du guichet du Louvre ; en 1848, année capitale dans la carrière du maître, un de ses morceaux les plus justement célèbres, le groupe du *Lapithe combattant le Centaure Biénor* et le plâtre du grand *Jaguar dévorant un lièvre ;* en 1850, on voit Barye reparaître au Salon avec une épreuve en bronze du *Lapithe combattant le Centaure ;* en 1851, il reçoit la commande des mascarons du Pont-Neuf ; en 1852, il exécute son chef-d'œuvre peut-être, et un incomparable chef-d'œuvre, le grand *Jaguar dévorant un lièvre,* dont il n'a été tiré sous les yeux de l'artiste que quatre ou cinq épreuves. L'une d'elles, acquise par l'État, est au Musée du Louvre ; une autre appartient à M. Walters, une autre à M. Bonnat ; c'est dans cette œuvre suprême que Barye a mis le plus de grandeur tragique, de poésie, de maîtrise, d'expression et d'éloquente simplicité. En 1854, Lefuel succède à Visconti dans la direction des travaux du Louvre et Barye est chargé de l'exécution de quatre grands groupes décoratifs en pierre ; ces groupes, placés trop loin du regard, représentant la *Paix,* la *Guerre,* la *Force* et l'*Ordre,* n'ajoutent que peu de chose à la gloire de l'artiste ; il y règne un sentiment pseudo-michelangelesque qui dénote le trouble de l'artiste dans l'accomplissement d'une tâche en dehors de ses préférences. En 1855, une grande médaille d'honneur lui est décernée à l'occasion de l'Exposition universelle et il est nommé officier de la Légion d'honneur. En 1862, il modèle la

statue équestre de Napoléon, pour Ajaccio : en 1863, le grand lion
d'argent pour le prix de Longchamps ; en 1868, quatre groupes en
pierre pour le Château d'eau de Marseille ; il est nommé membre
de l'Institut, en cette même année. Il meurt enfin, le 25 juin 1875,
à l'âge de 79 ans, laissant derrière lui une œuvre impérissable,
un extraordinaire musée de bronzes où se montrent réunies les
qualités les plus rares : l'instinct du monumental, à la façon des

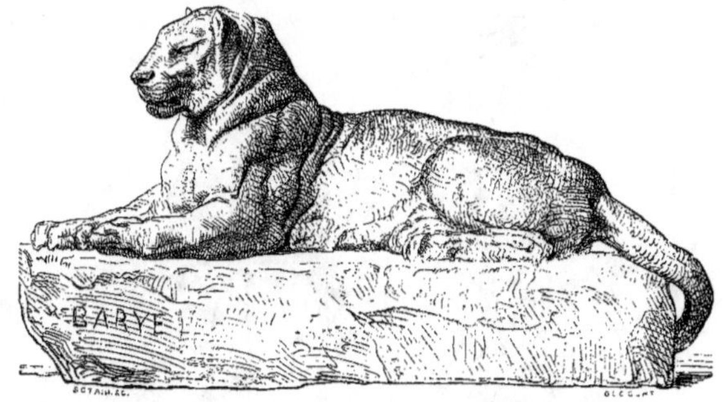

LIONNE AU REPOS, PAR BARYE.

vieux maîtres assyriens ; la'mour de la nature vivante ; une poésie
intime et profonde ; une connaissance unique de la structure des
animaux.

Il nous faut revenir un instant en arrière et reprendre le filon
académique au point où nous l'avons laissé. A Lemot, aux Ramey,
à Lesueur, à Roman, succèdent Nanteuil, Petitot, Lemaire, Dumont,
Simart, Marochetti, Duret et leurs satellites. Il n'y a rien à dire
des deux premiers, tombés dans un juste oubli. Le nom de Lemaire,
de Valenciennes, est attaché au fronton de l'église de la Madeleine et
au grand bas-relief des funérailles de Marceau, à l'Arc de triomphe ;
celui d'Augustin-Alexandre Dumont au Génie de la Liberté, en

bronze doré, qui surmonte la Colonne de la Bastille; celui de Simart, à quelques œuvres indigentes et froides, et à la fameuse Minerve chryséléphantine, restitution du chef-d'œuvre de Phidias, exécutée pour le duc de Luynes et destinée au château de Dampierre.

Quant à Marochetti, quoique académiste comme les autres, il se

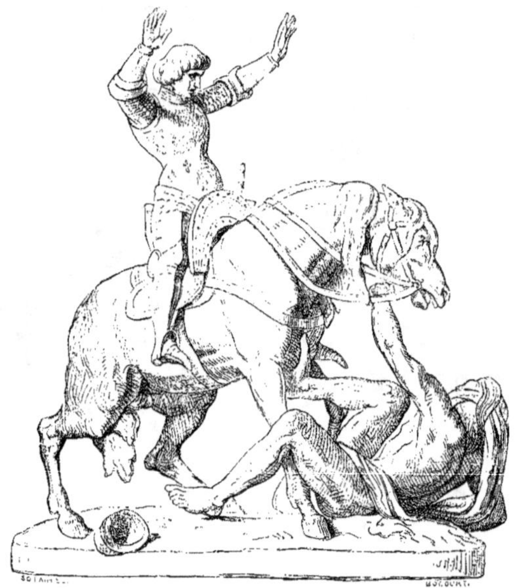

CHARLES VI DANS LA FORÊT DU MANS, GROUPE PAR BARYE.

détache du groupe par une certaine indépendance d'allures, servie par une extrême habileté de praticien ; comme Pradier, auquel on peut à quelques égards le comparer, il était plein d'adresse manuelle et d'entregent mondain. Il a travaillé d'abord en Italie, son pays d'origine, puis en France, son pays d'adoption, puis en Angleterre où ses manières et son talent étaient très goûtés. Son œuvre la plus

remarquable est à Turin : c'est la statue équestre en bronze d'Emma-
nuel-Philibert de Savoie. On lui doit le bas-relief de la *Bataille de
Jemmapes* à l'Arc de triomphe : le grand groupe en marbre du
maître-autel de l'église de la Madeleine, l'*Apothéose de sainte Madeleine ;* la statue équestre de la *Reine Victoria* à Glasgow et un grand

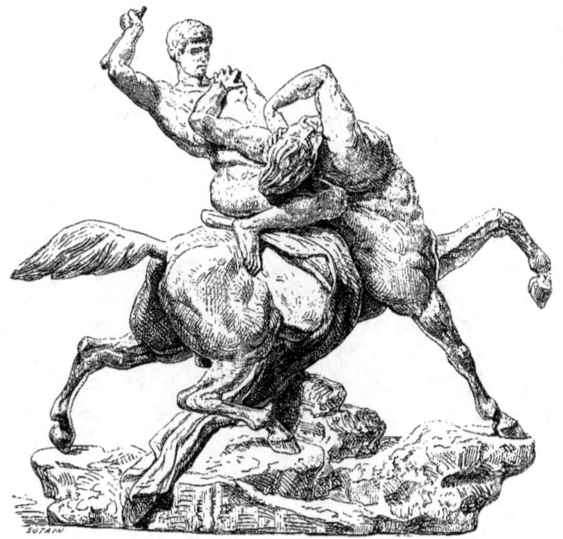

THÉSÉE COMBATTANT LE CENTAURE, GROUPE PAR BARYE.

monument commémoratif de la guerre de Crimée à Saint-Paul de
Londres.

Au milieu des manifestations de cet art conventionnel, qui s'éloigne
des formes vivantes avec une sainte conviction, Francisque Duret
émerge avec le prestige d'un talent supérieur et le charme d'une
délicate personnalité. C'est un nom qu'on met volontiers en avant
lorsqu'on veut célébrer les bienfaits de l'enseignement classique.

Pour tous, sans distinction de parti, l'auteur du *Danseur napolitain* gardera une place très honorable dans l'histoire de la sculpture française.

Duret est né à Paris le 19 octobre 1804. D'abord élève de son père, François-Joseph Duret, puis du baron Bosio, il entre à l'École des Beaux-Arts en 1818 ; il remporte le grand prix de Rome en 1823, obtient une médaille de 1re classe au Salon de 1831, est élu, de préférence à Rude, en 1845, membre de la quatrième classe de l'Institut, reçoit la grande médaille d'honneur en 1855 et meurt le 26 mai 1865.

La réputation de l'artiste avait commencé avec l'envoi du Salon de 1831, *Mercure inventant la lyre*, gracieuse statue acquise par le roi et détruite au pillage du Palais-Royal en 1848 ; on en voit des répétitions en bronze aux Musées d'Orléans et de Valenciennes. Deux ans après, le public acclamait le *Jeune pêcheur dansant la tarentelle*, dont le bronze avait été fondu d'un jet et sans retouches par Honoré. Cette œuvre que nous pouvons admirer au Louvre est, en son espèce, un morceau accompli, — ne marchandons pas le mot, — un chef-d'œuvre. Il y circule un sentiment de jeunesse, et comme une fraîcheur de vérité et de mouvement qui la placent bien au-dessus de ce qu'avait produit l'École. On pouvait tout espérer d'un tel début. Malheureusement, les souvenirs d'antiquité recueillis en Italie remplissent l'esprit de Duret, et ce beau souffle d'indépendance et de vie qui anime le *Danseur* s'amortit peu à peu dans l'atmosphère lourde de l'atelier. Déjà, dans l'*Improvisateur napolitain*, du Salon de 1839, l'effort se trahit par un certain maniérisme ; tandis que l'habileté technique reste aussi grande, la chaleur d'invention se trouve comme refroidie par le besoin de souligner la mimique et de balancer les lignes selon les bonnes règles. Duret, qui avait commencé d'une allure si dégagée, finit par des œuvres extrêmement sages, d'un galbe toujours élégant, conduites avec une rare délicatesse de main, mais poussées au style et étudiées à l'extrême. Il s'en est fallu de l'épaisseur de quelques préjugés que l'auteur du *Danseur napolitain* ne devînt à côté de Rude un des grands sculpteurs du siècle. Éducation à part, peut-être la

flamme lui a-t-elle toujours manqué, et ne faut-il voir dans cette
délicieuse création que l'heureuse rencontre d'un très beau talent.
Je comparerais volontiers Duret à ce qu'a été Duban en architecture :
un homme qui se défie du premier jet et retourne sa pensée de
cent façons.

Quoi qu'il en soit, son *Danseur* en bronze demeure une des plus
parfaites créations de la statuaire française et un des fleurons du
Louvre. Il est fâcheux, seulement, qu'il y soit mal exposé, dans
l'embrasure d'une fenêtre, à contre-jour et sans reculée. Il méritait

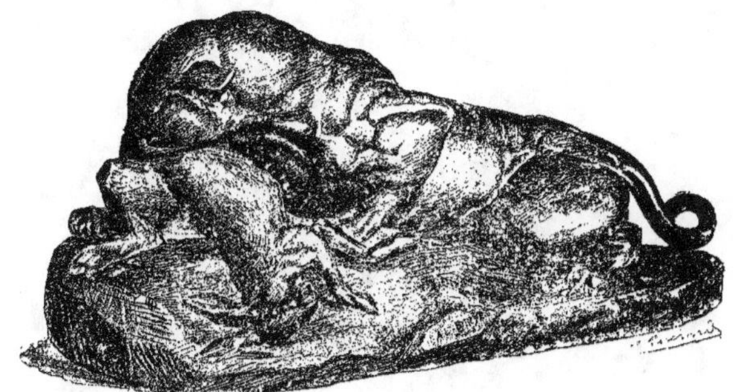

JAGUAR DÉVORANT UN LIÈVRE, PAR BARYE.
(*Musée du Louvre.*)

une place d'honneur, qu'il aura bien certainement au prochain
remaniement. Il peut être vu de tous les côtés; la silhouette, sous
chaque angle, est excellente. Le mouvement est plein d'animation et
d'élasticité; toutes les parties de nu sont travaillées sur le vif, et
avec une simplicité charmante ; les détails, comme le bonnet de laine
et le caleçon, sont traités avec naïveté ; le masque souriant exprime la
gaîté juvénile ; les pieds et les mains surtout sont admirables ; le rythme
est d'une souplesse très observée.

L'éclectisme de Duret se prêtait aux programmes les plus variés.
On lui doit la décoration des soffittes du Salon Carré et de la Salle

des Sept-Cheminées au Louvre, les Fonts baptismaux de Notre-Dame-de-Lorette, la *Loi* du Palais de Justice, le *Casimir Périer* de la Chambre des Députés, les cariatides en bronze qui gardent l'entrée du tombeau de Napoléon Ier aux Invalides, le *Chateaubriand* des galeries de Versailles, le *Christ se révélant au monde* de la Madeleine, la statue de *Rachel*, dans le rôle de Phèdre, au foyer de la Comédie-

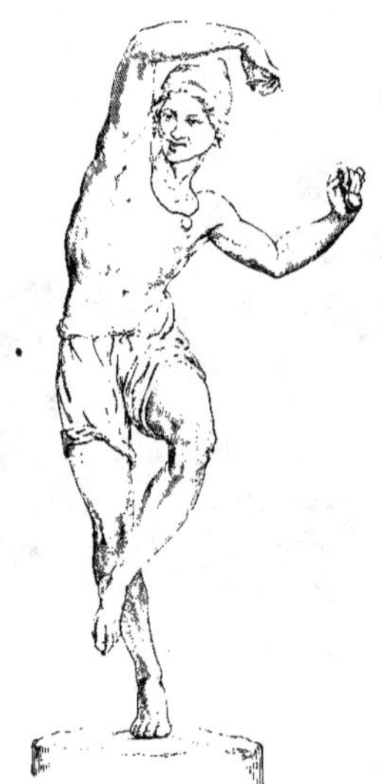

DANSEUR NAPOLITAIN, PAR DURET.

Française, et l'*Archange terrassant le démon* de la Fontaine Saint-Michel. La figure de Rachel est d'une noble expression, d'une composition d'attitude qui n'est point indigne des souvenirs laissés par le modèle dans son rôle le plus fameux. Je ne saurais faire le même éloge du groupe de la fontaine, qui manque d'ampleur monumentale et d'originalité. C'est un pastiche littéral et malheureux du *Saint Michel* de Raphaël.

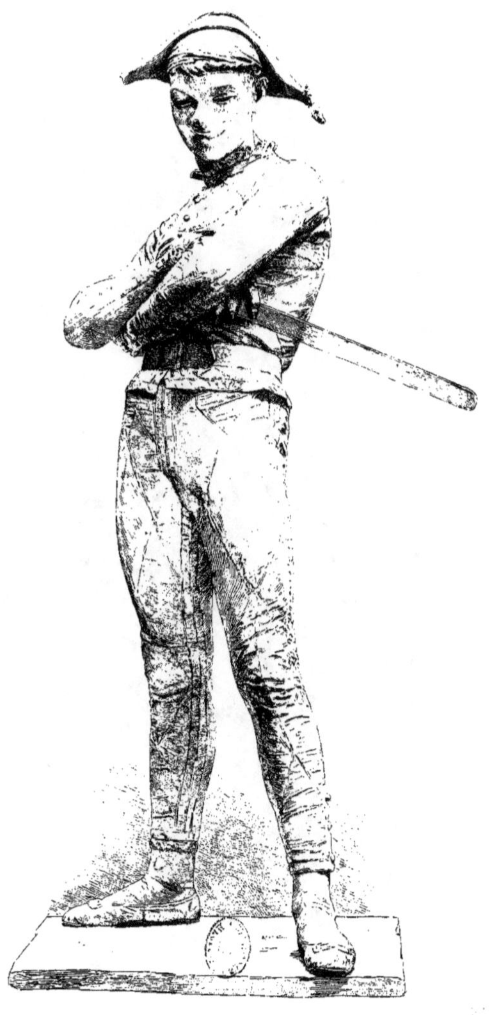

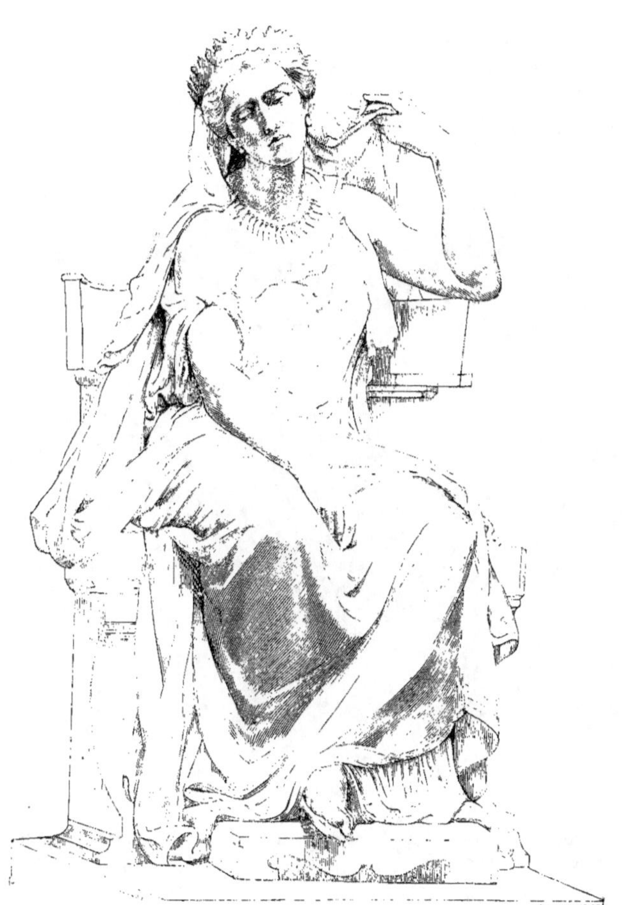

RACHEL, DANS LE RÔLE DE PHÈDRE, PAR DURET.
(Foyer de la Comédie-Française.)

Parmi les sculpteurs qui gravitent dans l'orbite de Duret, il faut citer ses deux collègues de l'Institut : Perraud et Jouffroy, hommes habiles et considérables qui ont signé des œuvres d'un mérite solide, mais exclusivement académique. Jouffroy est l'auteur du *Jeune pâtre napolitain pleurant sur un tombeau*, de la statue de l'*Abandon*,

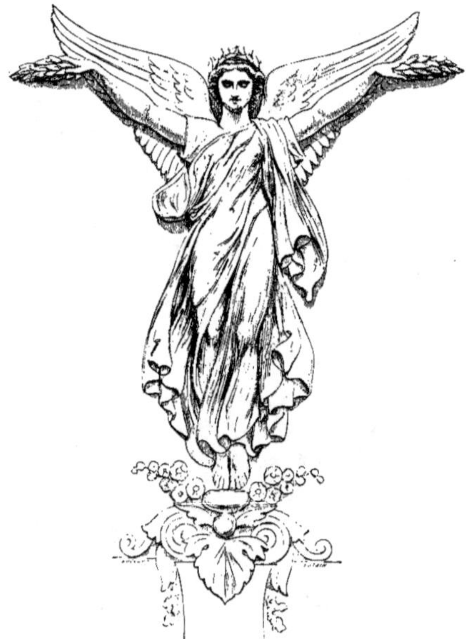

VICTOIRE, SCULPTURE DÉCORATIVE DE DURET.

des groupes du guichet du Carrousel, de la *Poésie lyrique* à la façade de l'Opéra, du *Napoléon Ier* d'Auxonne et d'une fort gracieuse composition, que connaissent tous les visiteurs du Musée du Luxembourg, la *Jeune fille confiant son premier secret à Vénus* ; Perraud, celui d'un groupe très loué en son temps et composé avec une habileté supérieure, l'*Enfance de Bacchus*, et le bas-relief des *Adieux*.

Ce serait ici le lieu de parler d'un statuaire dont les œuvres ont,
un instant, remué beaucoup
de cervelles, de Clésinger, l'auteur fameux de la *Femme
piquée par un serpent ;* mais
Clésinger, à l'encontre des
maîtres solides dont je viens
de parler, n'était qu'un sculpteur d'épiderme, un habile
faiseur dont le brio d'exécution
était tout en surface. Il suffit que
nous ayons rappelé et son nom
et sa vogue passagère.

••

Nous voici parvenus au
seuil de la période contemporaine. Il n'y a plus d'école, au
sens dogmatique. La poussée du
romantisme, malgré tout ce que
ce mouvement contenait d'emphase ridicule, a produit son
effet. Les courants notés plus
haut se ramifient et s'épan-
dent, souvent en se mêlant.
Les artistes de valeur suivent
désormais leur tempérament et
ne se réclament plus guère que
de leur bon plaisir. Rude
avait démoli les vieilles Bas-
tilles à coups de chefs-d'œu-

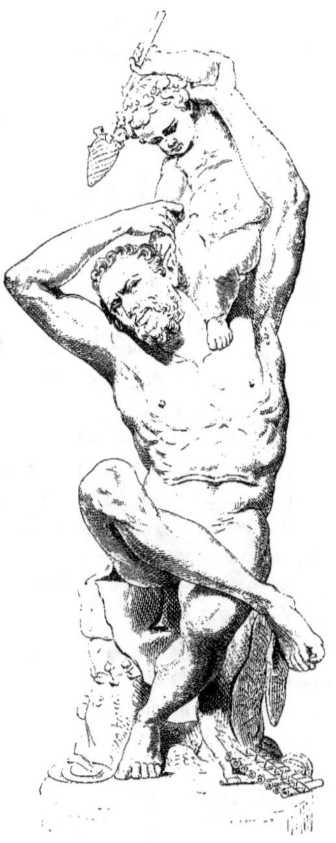

L'ENFANCE DE BACCHUS, GROUPE DE
PERRAUD.
(Musée du Louvre.)

vre. Les gens à courte vue pourront seuls gémir de cet affran-
chissement ; pour nous, nous n'y voyons qu'un motif de nous réjouir.

Puisque nous ne pouvons revenir à l'organisation collective du Moyen Age, il faut s'habituer à cette idée que l'avenir de l'art est dans le développement de l'individualisme.

Il y a, et il y aura toujours, du moins tant qu'on verra fleurir en France un enseignement d'État, un groupe nombreux, actif, habile, qui gravitera autour des régions officielles de l'art. Mais les hommes et les faveurs passent; les œuvres restent, et rien ne compte pour l'avenir que ce qui est personnel et né d'une émotion vraie.

Incontestablement, Rude a eu une énorme influence sur la génération nouvelle, sur celle qui s'est formée sous le second Empire. Tous, même sans le vouloir, ont marché dans son sillon. La sculpture, grâce à lui, s'est faite plus libre, plus vivante et plus expressive.

Quelques-uns, comme Carpeaux, Frémiet, Cain, Charles Cordier, Christophe, sont sortis directement de l'atelier de la rue d'Enfer.

Carpeaux est, après Rude et Barye, un des plus grands statuaires du siècle. Une courte vie, dévorée en sa fleur; un petit nombre d'œuvres enfiévrées de passion: telle se présente à nous, en deux traits, cette physionomie puissante. Carpeaux était né à Valenciennes, dans la patrie de Beauneveu et de Watteau, en pleine Flandre française, le 11 mai 1827; il mourut à Courbevoie, le 12 octobre 1875, chez son ami et protecteur, le prince Stirbey, après un douloureux martyr. On a dit que Carpeaux avait été incompris de son vivant; cela est faux; il a été discuté, critiqué, ardemment combattu, mais non méconnu; grâce à la protection bienveillante de M. de Nieuwerkerke, habile sculpteur lui-même, il a reçu de grands travaux; rien ne lui a manqué pour entrer dans le chemin de la gloire. Il eût pu gagner beaucoup d'argent avec ses bustes; s'il ne l'a pas fait, c'est par insouciance et désintéressement.

Arrivé de Valenciennes avec une modeste pension que lui avait obtenue M. Beauvois, conseiller général du Nord, Carpeaux entre chez Rude, puis, sur l'avis de Rude lui-même, chez Duret, plus influent dans le monde de l'École des Beaux-Arts; il monte pour la première fois en loge en 1848, remporte le second grand prix en 1852

et le grand prix en 1854; reçoit une médaille de 2ᵉ classe au Salon
de 1859, et une médaille de 1ʳᵉ classe à l'Exposition universelle

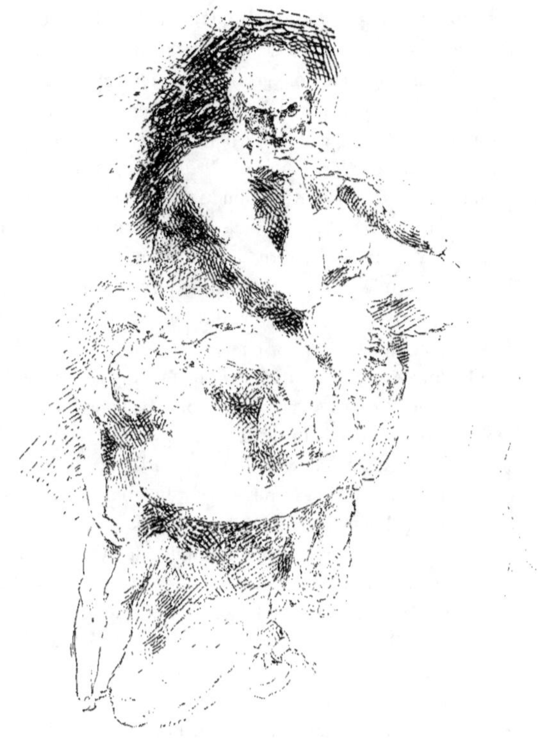

de 1867. L'événement biographique de cette carrière d'apparence assez
unie, c'est le séjour à Rome et en Italie, comme pensionnaire de la
villa Médicis. Carpeaux y fait connaissance de Michel-Ange, et le

souvenir du maniérisme impétueux et des musculatures formidables du grand Florentin le dominera longtemps; revenu à Paris, il aura quelque peine à se débarrasser de l'obsession.

C'est sous l'empire de cette obsession que, après avoir envoyé de Rome, le *Petit pêcheur à la coquille*, visiblement inspiré du *Pêcheur à la tortue* de Rude, il se met à son groupe d'*Ugolin et ses enfants* (1860-1862). Nul, d'ailleurs, n'était plus apte à formuler une réalisation sculpturale du terrible épisode de la *Divine Comédie*. Il exécute le plâtre, comme envoi de dernière année; le bronze qu'on voit aujourd'hui dans le Jardin des Tuileries ne fut fondu qu'en 1863, après avoir été exposé au Salon. La ligne générale de la composition est superbement posée; on y sent la décision d'un maître. Les carnets de croquis généreusement offerts au Louvre par le prince Stirbey, montrent à quel point l'artiste est possédé par le sujet et comment il le triture dans son cerveau. Il s'arrête à une composition pyramidale très serrée, où les formes s'enchevêtrent avec une hardiesse étonnante. L'expression de la douleur y est portée à son comble; la tête d'Ugolin, très michelangelesque, comme l'attitude crispée, le modelé ressenti de la figure, est en conformité étroite avec le texte du Dante; il y a bien dans le mouvement des mains et le plissement du front une certaine recherche conventionnelle, bien légitime, d'ailleurs, dans l'atmosphère de Rome; mais les enfants sont de tous points admirables. On trouverait dans ces nus vibrants et passionnés les origines du style de M. Rodin.

En cette année 1862, où il termine l'*Ugolin*, Carpeaux exécute ses premiers bustes. D'un élan, il affirme sa maîtrise dans cette branche si française de l'art. Le portrait sera, en effet, un de ses triomphes. Carpeaux y renoue la belle tradition du xviiie siècle, avec un appoint tout moderne de matérialité expansive et d'acuité physionomique. Il a laissé une trentaine de bustes qui sont, pour la plupart, de véritables chefs-d'œuvre. Le Louvre possède un des plus remarquables : le buste de l'ami et protecteur de Carpeaux, M. Beauvois, de Valenciennes (1862). Parmi les autres, je rappellerai ceux de la marquise de la Valette (1862), de M. Vaudremer (1862), de la princesse Mathilde

(1863), de M. Édouard André (1865), de M. Eugène Giraud (1865),
de Mlle Benedetti (1865), de Mme la duchesse de Mouchy (1868),

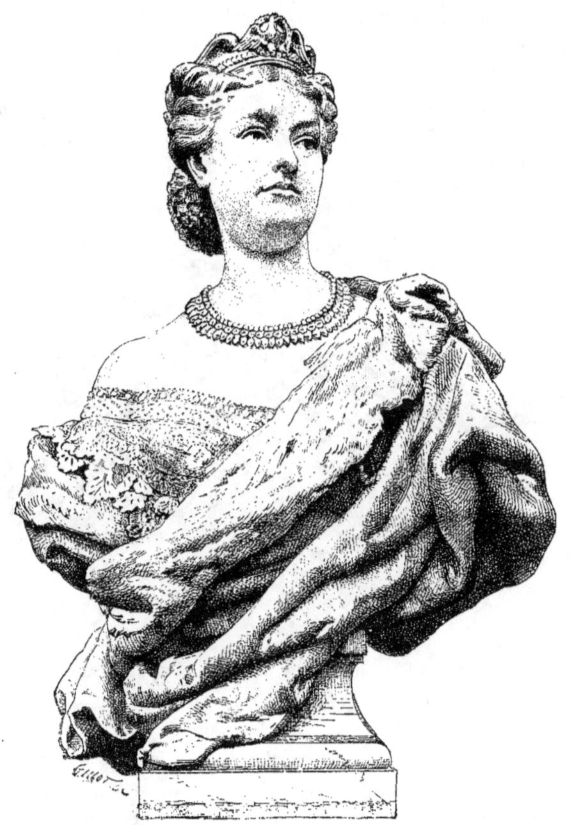

BUSTE DE LA PRINCESSE MATHILDE, PAR CARPEAUX.

de M. Charles Garnier (1869), de Mlle Fiocre (1870), de M. Gérôme
(1872), de M. Alexandre Dumas fils (1875), qui sont dans toutes les

mémoires. L'artiste y a mis sa griffe à la fois énergique, souple et caressante, et toute son intense scrutation du visage humain. Dans ce champ de l'art, la manière originale de Carpeaux a exercé une action profonde et décisive. Il suffit de penser aux bustes de MM. Falguière, Dubois, Dalou et Rodin.

L'année 1866 est heureuse pour l'artiste. Présenté par M. de Nieuwerkerke aux Tuileries, il est gracieusement accueilli par l'empereur.

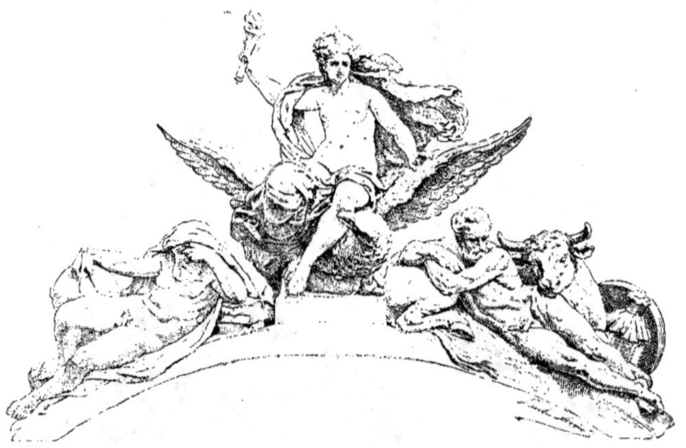

GROUPE COURONNANT LE PAVILLON DE FLORE AUX TUILERIES,
PAR CARPEAUX.

Il reçoit la commande d'une statue du prince impérial, d'une figure pour la nouvelle église de la Trinité et de toute la décoration monumentale de la façade sud du Pavillon de Flore. Le groupe principal qui couronne le fronton, *La France impériale portant la lumière dans le monde et protégeant l'Agriculture et les Sciences*, est ronflant et d'invention médiocre. Carpeaux n'était point l'homme d'une telle besogne; plus il fait appel à ses souvenirs de la Chapelle Sixtine et des tombeaux des Médicis, plus il s'empêtre dans la banalité du programme. Il faut chercher l'âme et le génie de Carpeaux dans

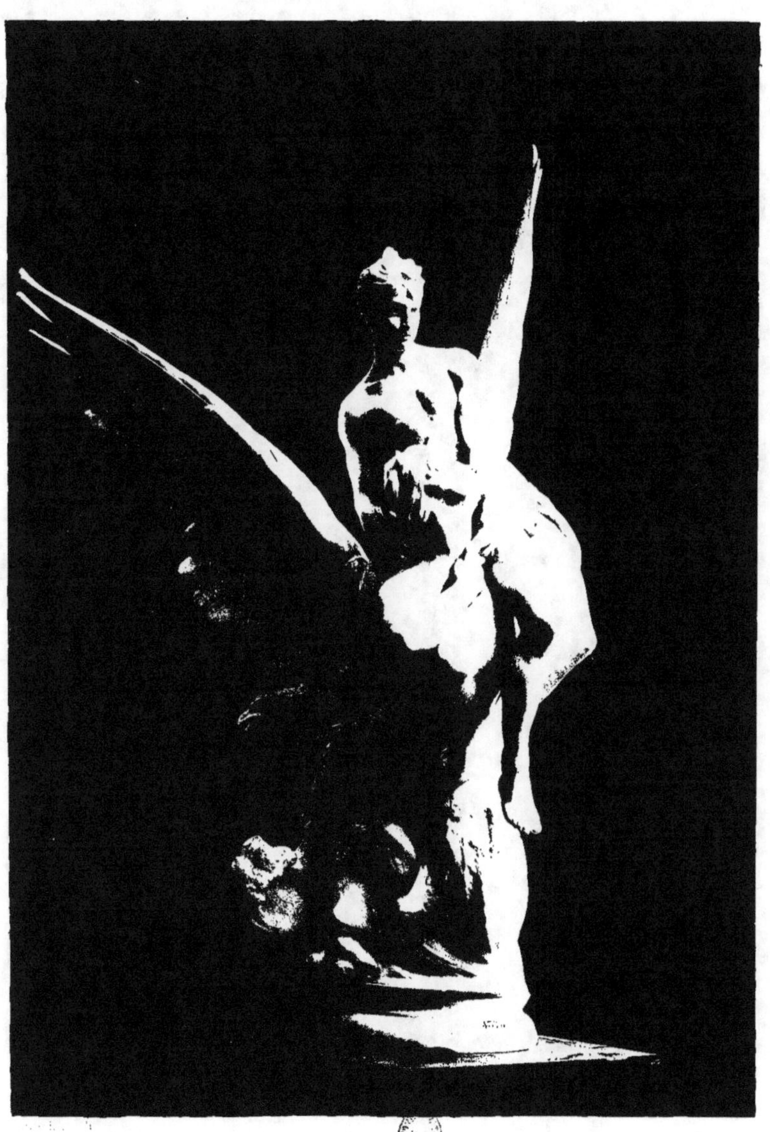

le bas-relief central qui représente en ronde bosse le *Triomphe de
Flore*. On a parlé de Clodion à propos de cette œuvre où le *féminin*
s'épanouit avec une grâce si voluptueuse. La comparaison est super-

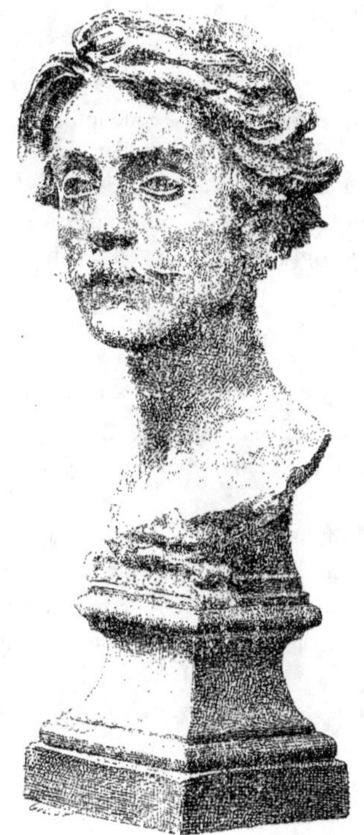

BUSTE DE M. GÉROME, PAR CARPEAUX.

ficielle. Carpeaux a mis dans son éblouissante création une vie, un
frémissement, une *substance charnelle*, si je puis dire, qui sont à mille
lieues des coquetteries légères de Clodion. Il ne faudrait pas se
tromper aux apparences; il y a dans les nus vivants de Carpeaux une

puissance expressive qui les élève jusqu'au grand art; ses chairs un peu martelées n'ont rien de mièvre; un sang jeune coule sous leur souple épiderme; on sent qu'elles font corps avec le fermé soutien de la construction intérieure; les visages troués de fossettes s'illuminent de brillants extraordinaires, comme certains Rubens enlevés en pleine pâte. La statuaire d'aucun temps n'a produit un morceau plus savoureux, plus chaud, plus abondant que cette figure de Flore, qui joue et sourit au milieu des fleurs et des beaux enfants nus. On sent dans cette sculpture épanouie comme la joie de vivre et de dépenser sans compter le rêve d'un talent exubérant. Que dire de l'effet décoratif du groupe qui, par le jeu hardi des reliefs et des creux, des lumières et des ombres, donne à la matière inerte l'animation d'une chose vivante et l'enrichit des illusions de la peinture? Que dire de cette plastique enveloppante qui s'attache à l'œuvre de l'architecte et la pénètre de son souffle? Il est à souhaiter qu'un pareil chef-d'œuvre soit sauvé des atteintes du temps. Le plâtre moulé sur la terre originale, a, du moins, été recueilli par le Musée du Trocadéro.

Averti par l'éclatant succès des sculptures du Pavillon de Flore, l'artiste avait trouvé sa voie. Ce qu'il voulut désormais sans relâche, c'est de pétrir de sa main fiévreuse et de faire palpiter dans le marbre ou le bronze la chair vivante, de fixer le mouvement jusqu'en ses plus fugitives mobilités, en apportant à la réalisation de son idéal la plus extrême liberté d'outil et la pratique la plus vaillante.

Après le *Triomphe de Flore*, ce sera le groupe de la *Danse*, à la façade de l'Opéra, et la grande fontaine de l'Observatoire: *Les Quatre Parties du Monde soutenant la Sphère*. Dans le groupe de l'Opéra on retrouve toutes les qualités sculpturales de la Flore, tout le charme provocant de l'expression, avec, en plus, le rythme des corps en mouvement. On n'a plus à décrire et à louer une œuvre aussi complètement originale et en son essence aussi exquise. Ni les injures ni les acclamations ne lui ont manqué, et elle a fait, on s'en souvient, au propre et au figuré, couler beaucoup d'encre. Aujourd'hui elle a

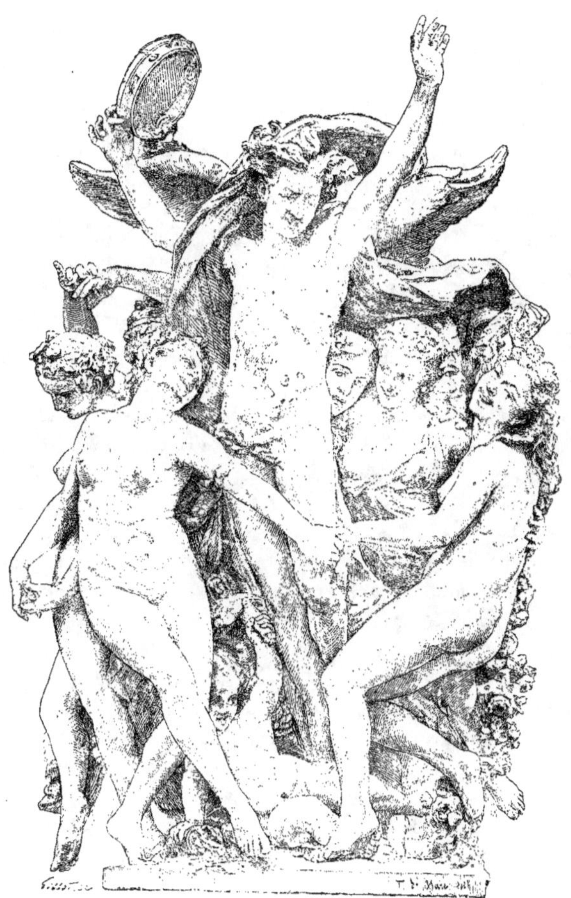

Le Groupe de la Danse, par Carpeaux, a l'Opéra.

vaincu toutes les résistances pour entrer triomphante dans la postérité. L'ivresse qui la fait vivre ne saurait s'éteindre. C'est l'ivresse du dieu qui déchaînait les antiques bacchanales.

Il semble que, lancé dans cette voie, l'artiste ne doive plus s'arrêter. La saltation endiablée du groupe de la *Danse* devient l'allure d'une course vertigineuse dans la fontaine de l'Observatoire. Nous tenons ici le chef-d'œuvre de Carpeaux qui est le dernier mot de la statuaire mouvementée. Quatre figures de femmes nues, représentent les quatre parties du monde. Une Chinoise, une Négresse, une Péruvienne et une Européenne tournent d'un mouvement concentrique, autour d'un axe idéal, en soutenant de leurs mains levées la légère armature d'une sphère armillaire dont les signes du zodiaque, sculptés en relief, blasonnent le grand cercle. L'idée est neuve, éminemment suggestive, audacieuse, pittoresque. « Le projet est enfin trouvé, écrivait l'artiste à Ernest Chesneau[1]. Galilée m'a mis sur la voie en disant : *La terre tourne!* J'ai donc représenté les quatre points cardinaux tournant comme pour suivre la rotation du globe. Leurs attitudes suivent leur disposition polaire. De sorte que j'ai une face, un trois quarts, un profil et un dos. » En ces figures, marquées d'accents énergiques et profonds, apparaît avec une justesse d'observation merveilleuse le caractère moral. L'Europe, sûre de sa force, marche toute droite, d'un pas ferme et mesuré, la tête haute, les yeux vers l'espace sidéral; elle semble porter à elle seule le poids du faix cosmique. D'un bout à l'autre de son œuvre Carpeaux a suivi la méthode de Rude qui recommandait instamment de faire toujours acte de synthèse. En place, dans la lumière du jour et dans son cadre de verdure, paré de la patine verte rêvée par l'artiste, supporté par les beaux chevaux marins hennissant de Frémiet, le groupe a pris toute sa valeur monumentale et décorative, proclamant, en face du *Michel Ney* de Rude, la gloire de Carpeaux.

Par les caractères multiples de son style, par la sincérité de ses recherches, il semble que M. Frémiet soit un des héritiers les plus

1. *Carpeaux, sa vie et son œuvre*, par Ernest Chesneau. Paris. Quantin, 188., 1 vol. in-8.

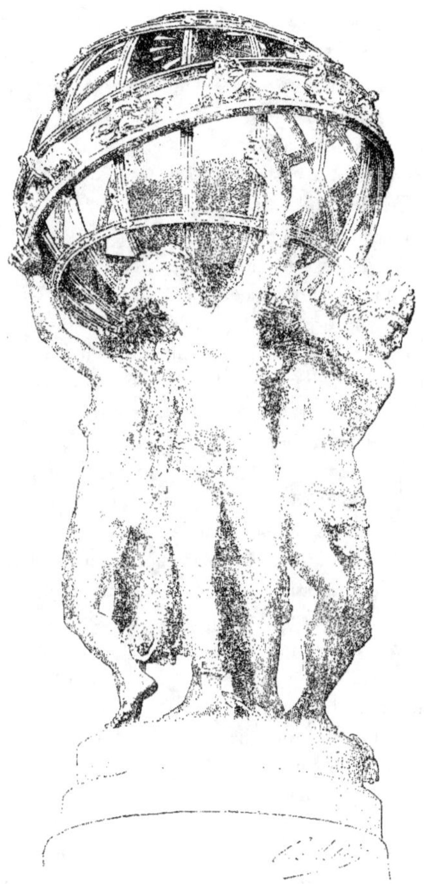

Les Quatre parties du Monde soutenant la sphère.
Groupe bronze par Carpeaux.
(Fontaine de l'Observatoire.)

directs de Rude et de Barye. A Rude, son oncle et son maître, il doit cette noble préoccupation de la vérité historique et cette intense compréhension de la vie qu'il a apportées dans toutes ses œuvres; à Barye, qu'il a remplacé comme professeur au Muséum, il doit une bonne part de sa subtile connaissance des bêtes et l'acuité de son esprit d'observation. C'est assurément un des artistes les plus chercheurs, les plus inquiets et les plus sincères de notre temps. Tout ce qu'il a produit est marqué d'une vigoureuse originalité. Même lorsqu'on hésite à le suivre dans les méandres quelquefois capricieux et bizarres de son invention, on l'admire pour la hardiesse de ses visées. Il n'est jamais banal, ni vulgaire, et aujourd'hui encore, dans la pleine maturité du talent, il est une des plus brillantes individualités de notre école. Ses petits bronzes font les délices des délicats. Il a commencé par des études d'animaux, surtout de chiens, de chevaux, de cerfs, de chats et d'ours. L'État possède plusieurs de ces groupes en bronze, en argent ou en vermeil qui attirèrent l'attention des visiteurs du Salon entre 1849 et 1869. A la fin de l'Empire il collabora avec Viollet-le-Duc à la décoration du château de Pierrefonds; la statue équestre, en bronze, de Louis d'Orléans, qui occupe la base du grand escalier d'honneur, le tira hors de pair. Cette figure, d'un caractère saisissant, hautaine et farouche, comme il convenait pour un tel personnage, est une des œuvres les plus remarquables de ces vingt dernières années. Elle parut au Salon de 1870. La même année, M. Frémiet terminait les chevaux marins et les dauphins de la fontaine de Carpeaux. Depuis, il a marché de succès en succès.

En 1872, c'est la figure étrange de l'*Homme de l'âge de pierre, reconstitué sur des fragments humains de l'époque*, pour le Jardin des Plantes; en 1873, c'est une exquise statuette de *Fauconnier*, en bronze argenté, élégante et vive comme un Fromentin, et, en 1875, une autre statuette charmante, le *Ménestrel du XVe siècle;* en 1876, un groupe emporté et sauvage, le *Rétiaire et le Gorille;* en 1878, il travaille avec M. Cain à l'exécution des grandes figures d'animaux de la cascade du Trocadéro; en 1880, il expose la *Jeanne d'Arc* de la place des Pyra-

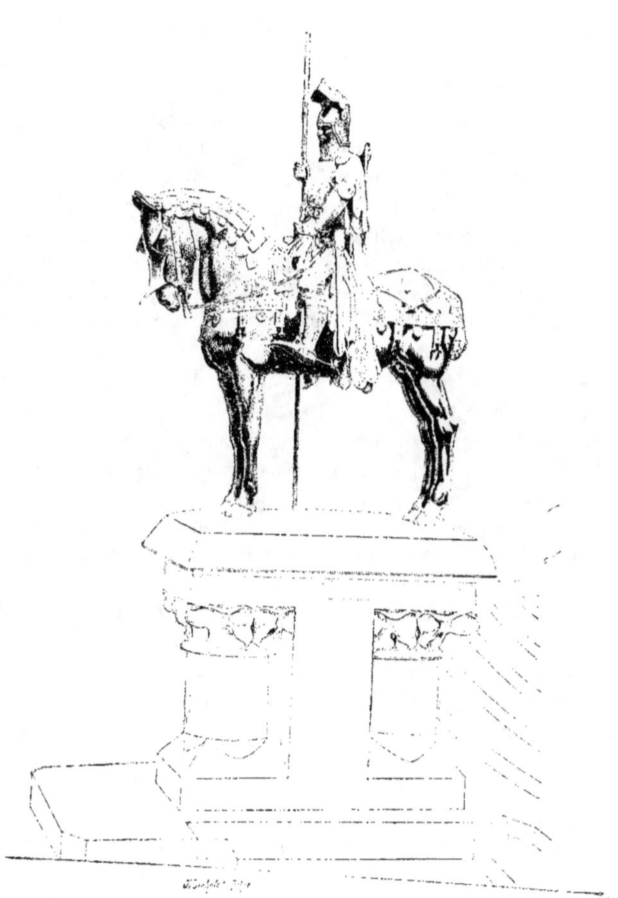

LOUIS D'ORLÉANS, STATUE ÉQUESTRE EN BRONZE, PAR FRÉMIET.
(Château de Pierrefonds.)

mides, et tout dernièrement un *Velasquez équestre*. Le propre des maîtres
est de donner, si je puis dire, à chacune de leurs créations, une auto-
nomie intellectuelle. A ce point de vue, M. Frémiet est un maître ; tout
ce qu'il exprime, il l'exprime comme poussé par l'urgence d'une forte
émotion ; il prend ses sujets corps à corps et les attaque *intus et in cute* ;
de là l'intérêt qu'offre la plus humble de ses imaginations ; s'il se
trompe, s'il est excessif, outré, ce ne sera jamais d'une manière insi-
gnifiante ou plate ; la sincérité de ses audaces les rend toujours
acceptables ; même quand on n'est pas d'accord avec lui, il vous induit
en discussions intérieures et en interrogatives songeries. C'est le cas de
sa *Jeanne d'Arc*. Avec celle de Rude, c'est sûrement la représentation
de l'héroïne qui évoque le mieux les vraisemblances de l'histoire. On
discutera le cheval, qui est épais et trop nourri, en comparaison de la
délicatesse juvénile de la figure ; on s'étonnera du visage futé et un peu
narquois de la bonne Lorraine ; on blâmera quelques maigreurs de
modelé ; mais quand on fera la balance des défauts et des qualités, on
sera forcé de reconnaître que celles-ci l'emportent dans de telles pro-
portions que celles-là s'effacent. Plus on la voit, plus on l'aime, la
petite Jeanne de la place des Pyramides, plus elle vous touche de sa
grâce exquise, volontaire et un peu bizarre.

En parlant des artistes qui ont excellé dans la peinture d'animaux,
le nom d'Auguste Cain, élève de Rude, vient tout naturellement sous
la plume. Il est le gendre de M. Mène, un autre habile animalier.
Maître robuste, il excelle à jeter en bronze les luttes des grands
fauves et des puissants pachydermes. Les deux groupes colossaux —
Famille de Tigres, Lionne et Rhinocéros — qui ornent l'entrée des
Tuileries sur la rue de la Paix, sont des chefs-d'œuvre pleins de force
et de verve que n'eût pas désavoués Barye. Un de ses morceaux les
plus caractérisés, *l'autour fauve, sur une tête de sphinx*, appartient
au Musée du Luxembourg. Jeune encore, actif et résolu, il n'attend
que les encouragements de l'État pour nous donner de nouvelles
preuves de son talent.

A côté de M. Cain il n'est que juste de nommer M. Jacquemart,

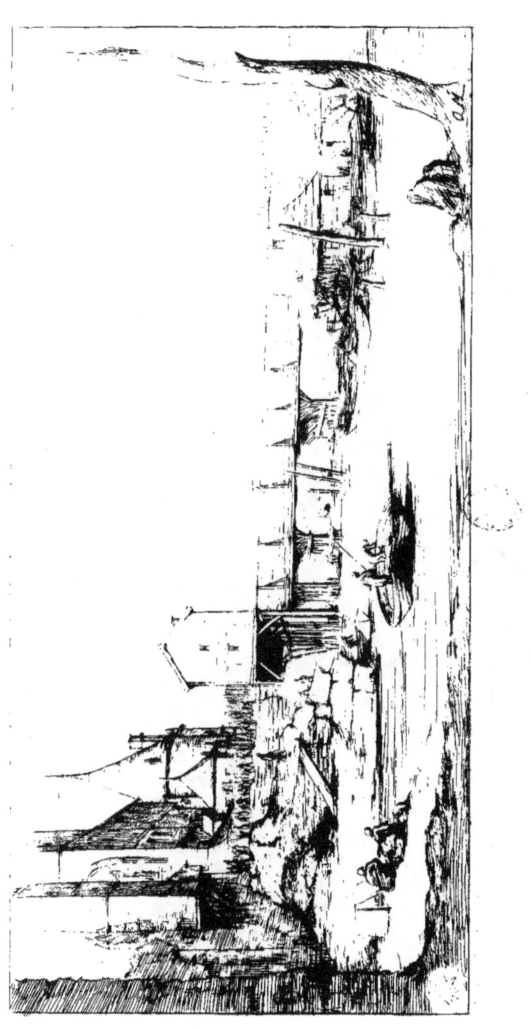

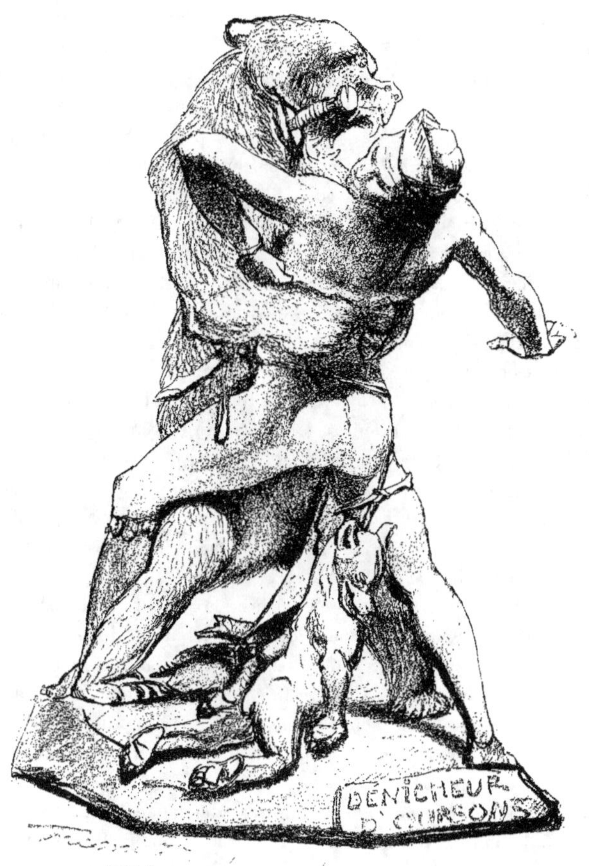

Le Dénicheur d'oursons, groupé par M. Fremiet.
(Dessin de l'artiste.)

qui a exécuté, dans le même ordre d'idées, des compositions d'un vigoureux caractère.

Il semble que tous ceux qui ont approché Rude aient gardé quelque chose de sa belle énergie. Comme Carpeaux, Charles Cordier a cherché le rendu ressenti des formes réelles. Il s'est créé une sorte de spécialité ethnographique où la polychromie des matières est venue très heureusement jouer son rôle. Ses productions, relevées d'un accent véritablement personnel, sont, à tort, un peu oubliées aujourd'hui. Quelques-unes, j'en suis convaincu, seront fort prisées un jour ; on les recherchera, malgré leur style un peu brutal, comme de précieux objets d'ameublement. Les associations polychromes d'onyx et de bronze, qui avaient été quelquefois essayées par les Romains, ont été reprises par Cordier, dont le tempérament de coloriste en avait senti toutes les ressources. Cordier était en outre un bronzier émérite, et ses patines sont fort curieuses. Le Musée du Luxembourg possède deux de ses meilleures œuvres : le *Buste de nègre du Soudan*, et le *Buste de négresse des colonies;* M. Marquis, le chocolatier, en possède deux autres, les *Époux chinois*, bustes en bronze finement patinés dans la gamme des ors, comme un laque japonais. On pourrait citer de lui un grand nombre de figures de nègres ou de mulâtres, où les chairs sont en bronze et les costumes en marbres de couleurs. Ceux qui se souviennent des Salons de 1866 et de 1867, n'ont certainement pas oublié le brillant succès qu'y obtinrent sa *Femme arabe,* statue en bronze, onyx et émaux, et sa *Fellah du Caire*, en costume de harem. L'exemple donné par Cordier porte déjà ses fruits. La statuaire polychrome est dans les préoccupations du moment; elle pourra bien devenir la sculpture de demain.

En cela nous ne ferons que revenir aux plus hautes pratiques des Anciens. Il nous est difficile de nous figurer ce que pouvait être le Jupiter Olympien de Phidias, mais nous sommes assurés, par le témoignage unanime d'un peuple qui s'y connaissait en matière d'art, que l'association de l'ivoire, de l'or, de l'argent et du bronze y produisait un merveilleux effet. La polychromie est, il faut bien le

reconnaître, la forme rationnelle de la plastique ; la monochromie
est le produit d'une abstraction toute conventionnelle.

Pour liquider le compte de la génération qui vient de disparaître

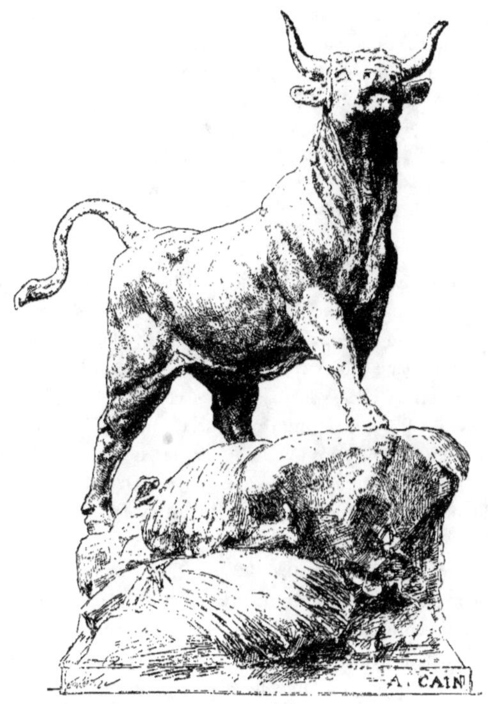

Le Bœuf, par M. Cain.
(Palais du Trocadéro.)

il me faudrait dire quelques mots des deux Dantan — Dantan aîné et
Dantan jeune — qui, tous deux, ont cultivé avec succès la sculpture
de bustes ; de Maindron, l'auteur de la *Velléda* du Jardin du Luxembourg ; de Carrier-Belleuse, l'ancien directeur des travaux d'art de la

Manufacture de Sèvres, et l'auteur d'une *Hébé endormie*, qui a fait sensation en son temps ; de Degeorge, l'auteur de la *Jeunesse d'Aristote* ; d'Aimé Millet, de Gruyère, de Moulin, de Chistophe, l'original auteur du *Masque*. Mais je dois hâter le pas. La phalange compacte, innombrable de notre éblouissante école moderne est là devant mes yeux. Je vois le talent, l'individualité, la vieille sève gauloise y déborder avec une abondance magnifique. Les noms se pressent en foule et l'équité veut que je n'en oublie guère. Comment faire la part de chacun, sans tomber dans une aride nomenclature ? Effrayé de ce qui me reste à dire en si peu d'espace, je demande l'indulgence. Pour un peu je demanderais grâce !

J'ai déjà indiqué qu'un large mouvement d'éclectisme et de tolérance emportait aujourd'hui la sculpture française vers des rives nouvelles ; il n'y a plus de doctrines étroites. L'Académie, rajeunie par l'infusion d'un sang plus vif, est désormais ouverte à toutes les tendances, pourvu qu'elles soient justifiées et servies par le véritable talent. L'art est libre, il est multiple, il est infini. L'école qui se présentera devant la postérité avec des artistes tels que MM. Dubois, Chapu, Guillaume, Mercié, Falguière, Barrias, Delaplanche, Schœnewerk, Chaplain, Roty, Dalou, Rodin, et d'autres encore que je pourrais nommer, sera une grande école.

M. Dubois est un des maîtres les plus fins, les plus délicats et les plus noblement artistes de notre temps, et, ce qui ne gâte rien, un des plus modestes et un des plus simples. Il manie avec une égale habileté les deux arts : la peinture et la sculpture. Je n'ai pas à rappeler les succès de bon aloi qu'il a obtenus et obtient tous les jours comme peintre de portraits, — surtout de portraits de femmes, — où il se montre un observateur des plus déliés de la physionomie humaine. Le statuaire seul nous appartient ici. M. Paul Dubois, directeur de l'École des Beaux-Arts, membre de l'Institut, grand-officier de la Légion d'honneur, est arrivé aux honneurs suprêmes jeune encore et par le seul prestige de son beau talent. Par une exception curieuse à noter,

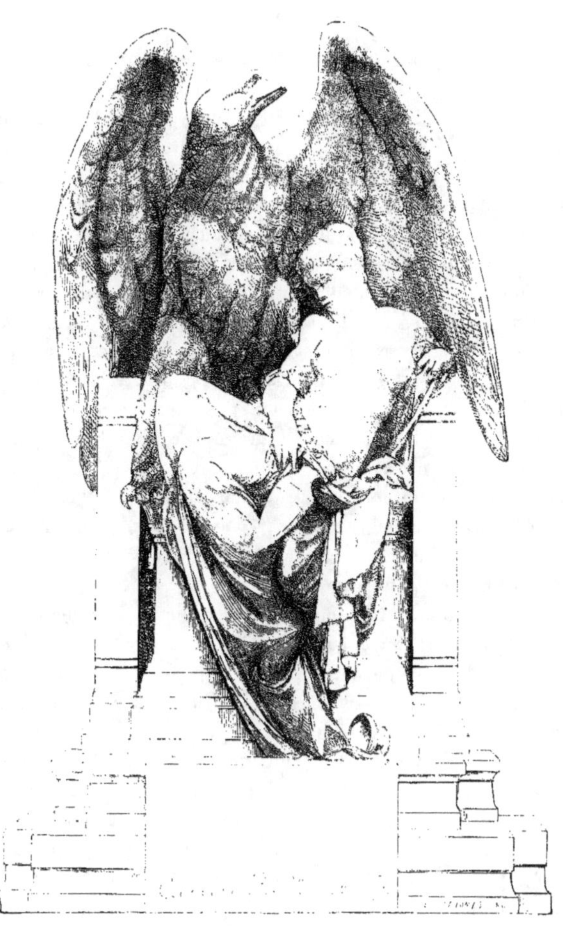

HÉBÉ ENDORMIE, PAR CARRIER-BELLEUSE.
(*Musée du Luxembourg.*)

M. Dubois, qui s'était d'abord destiné à la magistrature, n'a pas suivi la filière de l'École des Beaux-Arts. Entraîné par un penchant inné vers la sculpture, il était entré, en 1856, dans l'atelier de Toussaint, un des bons élèves de David d'Angers; il y travailla jusqu'en 1858, puis partit pour l'Italie où il vécut plusieurs années, voyageant, étudiant, réfléchissant. En 1860, il exécutait à Florence l'esquisse de son *Saint Jean enfant*, qu'il devait exposer au Salon de 1863 avec une figure de *Narcisse*. Ces deux morceaux furent très remarqués; le bronze du *Saint Jean* est aujourd'hui au Musée du Luxembourg, avec le marbre du *Narcisse* et l'épreuve en bronze argenté du *Chanteur florentin*. Les deux premières figures sont des morceaux d'étude, conduits avec le plus grand soin, développés avec élégance sur des thèmes classiques habilement rajeunis; elles révèlent une science précoce : — le modelé du *Narcisse* est traité avec la plus rare souplesse; mais c'est avec son *Chanteur florentin du xve siècle* que M. Dubois sortit tout d'un coup hors de pair. On n'a pas oublié le succès; ce fut comme la surprise d'une révélation; il y avait, dans la morbidesse de cette délicieuse fleur d'art, le charme d'un renouveau et comme un subtil parfum du *quattrocento*.

La réunion de ces trois statues à l'Exposition universelle de 1867 valut à son auteur une grande médaille d'honneur. L'*Ève naissante* du Salon de 1873 — un chef-d'œuvre, trop peu remarqué, de grâce attendrie et frémissante — et des bustes superbes — spécialement ceux de M. Henner, du docteur Parrot, de Paul Baudry — mettaient le sceau à la réputation de l'artiste, qui attaquait bientôt son œuvre décisive (1876) : le *Tombeau du général de La Moricière*, pour la cathédrale de Nantes. Le dispositif architectural rappelle celui des grands monuments funéraires de la Renaissance française, dispositif d'ailleurs commandé par le voisinage du tombeau d'Anne de Bretagne, de Michel Colombe. La figure du général, conçue en *gisant*, est étendue sous un dais à colonnes de marbre noir et blanc; aux quatre angles du soubassement, ainsi que dans le cénotaphe de Michel Colombe, quatre statues allégoriques représentant la *Charité*, la *Foi*, le *Courage mili-*

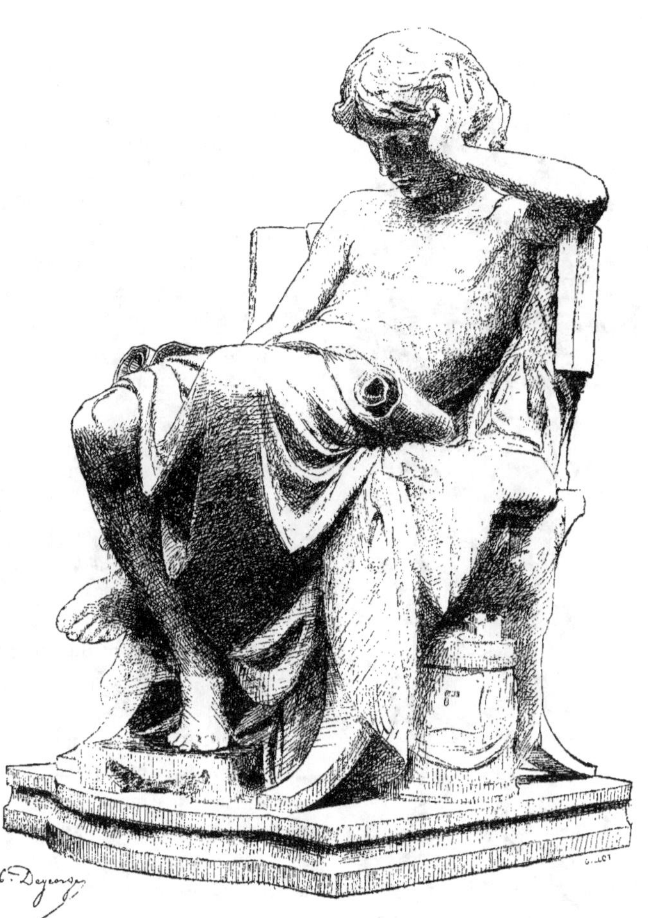

LA JEUNESSE D'ARISTOTE, PAR DEGEORGE.
(Dessin de l'artiste.)

taire et la *Méditation;* dans les médaillons d'angles, la *Sagesse,* l'*Éloquence*, la *Justice*, la *Force*, l'*Espérance*, la *Prudence*, la *Religion ;* des génies funéraires complètent cet ensemble imposant. La figure de la *Foi,* toute pleine d'ardeur mystique, les main levées vers le ciel, jeune et vivante, sa longue robe dessinant le rythme harmonieux des formes juvéniles, est une des plus gracieuses inventions de la sculpture contemporaine.

Les dernières œuvres de M. Dubois sont deux statues équestres : une *Jeanne d'Arc,* qu'on a admirée il y a deux ans au Salon, et le *Connétable de Montmorency*, pour la terrasse du château de Chantilly. Toutes ces œuvres témoignent du goût impeccable, de la hauteur de pensées et des réflexions sévères de l'artiste. M. Dubois, qui est Champenois, n'a point menti à ses origines; il a maintenu fièrement les belles traditions d'une race douée de tout temps pour la pratique de la sculpture.

Qui aurait pucroire, à voir M. Chapu si alerte, si vif, si robuste dans le travail, qu'il serait

CHANTEUR FLORENTIN, PAR M. DUBOIS.
(Musée du Luxembourg.)

ravi si jeune à notre école? Sa disparition prématurée a été un deuil

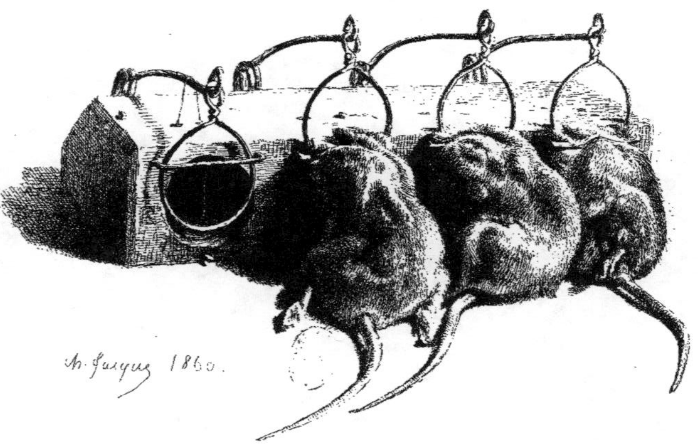

Ce spectacle effrayant doit apprendre aux gloutons   à table comme au lit, au lit comme à la danse,
a mettre en leurs plaisirs un peu plus de prudence.   s'ils redoutent le sort de ces pauvres ratons.

pour la sculpture française. Le talent de cet éminent artiste était en
pleine activité, et nul doute qu'il ne
tînt encore en réserve des œuvres
maîtresses, si l'aveugle destinée n'en
eût décidé autrement.

Élève de Pradier et de Duret, il
était entré à l'École des Beaux-Arts
en 1849. Six ans après il remportait
le grand prix, marchant ensuite de
triomphe en triomphe jusqu'à la médaille d'honneur. Son premier envoi
marquant, au Salon, date de 1863 ;
c'est le *Mercure inventant le Caducée*,
du Musée du Luxembourg, — un bon
morceau de réthorique scolaire qui
ne laisse point prévoir tout ce qui va
s'accuser de fin, de délicat et de poétique dans le talent de M. Chapu.
Certes, M. Chapu a modelé d'excellents bustes ; il a su, quand il le fallait, affirmer sa force dans de virils
concepts, témoin le *Monument de
Berryer*, qui est l'honneur de la grande
salle des Pas-Perdus du Palais de
Justice ; mais c'est par l'exquise tendresse de ses figures de femme et par
d'adorables rencontres de mouvement
et d'expression, dans les compositions
où la femme joue le principal rôle, que
M. Chapu s'est fait une si belle et si
légitime renommée. N'eût-il produit

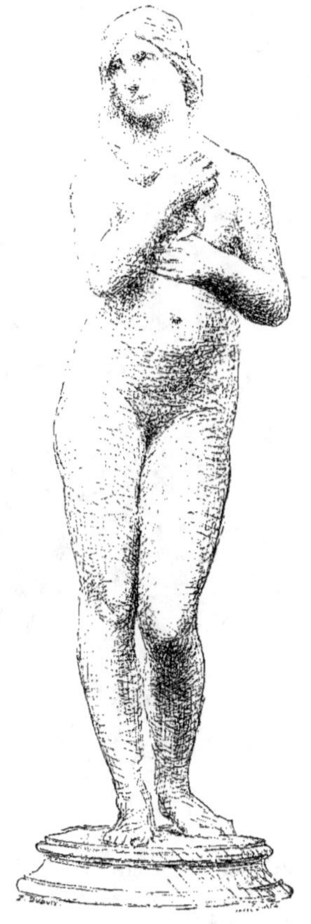

ÈVE NAISSANTE, PAR M. P. DUBOIS.
(Dessin de l'auteur.)

que la *Jeanne d'Arc à Domrémy* du Musée du Luxembourg, la *Jeunesse*
du tombeau d'Henri Regnault, à l'École des Beaux-Arts, la *Pensée* du

monument funéraire de M*** d'Agoult, et les cariatides pandrosiennes du salon de M. Paul Sédille, il resterait encore un des coryphées dans le livre d'or de l'éternel féminin. La *Jeanne d'Arc* a été popularisée par d'innombrables reproductions, de même la *Jeunesse*. L'artiste n'a vu dans la chaste Lorraine qu'un thème sentimental ; on peut le regretter.

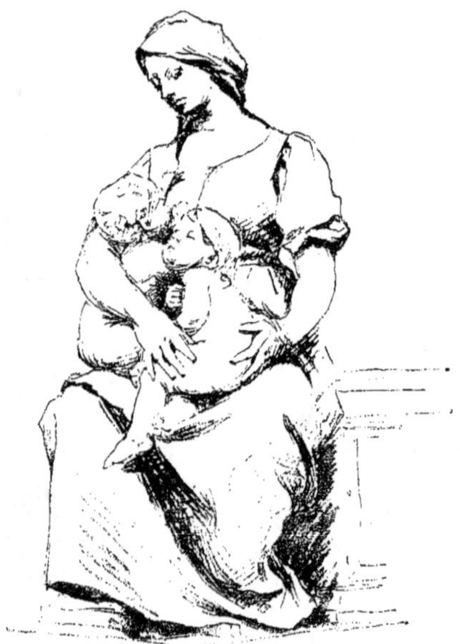

LA CHARITÉ, PAR M. PAUL DUBOIS.
(Monument de La Motte-Piquet.)

Mais combien adroitement il a tourné autour de l'énigme et comme il a su en dégager ce qui était d'essence humaine. Sa *Jeanne d'Arc* est une belle paysanne, se laissant aller au mol abandon d'une pieuse rêverie. Aucun artiste n'a su mieux composer son diagramme ; la figure est parfaite sous tous les angles, d'une perfection presque trop égale.

Dans la *Pensée*, M. Chapu dégage son originalité : il trouvera bientôt la cristallisation suprême du type idéal, qu'il poursuit dans l'admirable figure de la *Jeunesse*, au tombeau de Regnault. On se souvient du délire d'enthousiasme dont fut saluée, en ces temps de renouveau, après

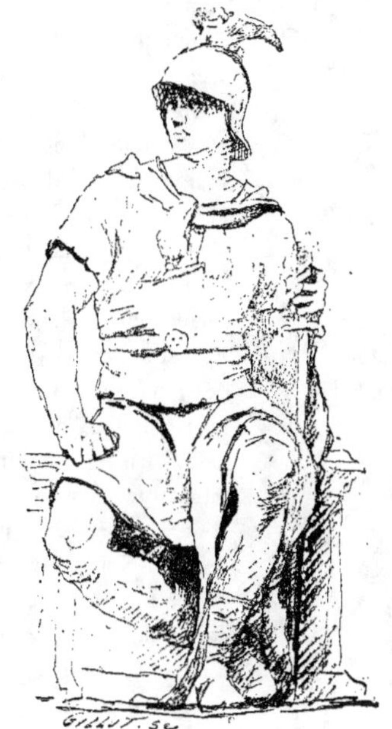

LE COURAGE MILITAIRE, PAR M. PAUL DUBOIS.
(Monument de La Motte-Rouge.)

l'Année terrible, la jeune Muse de M. Chapu. C'était bien la jeunesse elle-même qui parlait dans ce geste d'une élégance ineffable, c'était la jeunesse émue et attristée, gracieuse et tendre, qui portait la palme à la tombe fleurie et parait le souvenir du cher mort d'une douce et mélancolique poésie. Chaste création qui depuis vingt ans n'a rien

perdu de son charme ! Pensée tombée du ciel dans l'âme de l'artiste,
et que ni l'effort ni l'application n'auraient suffi à faire naître ! Si

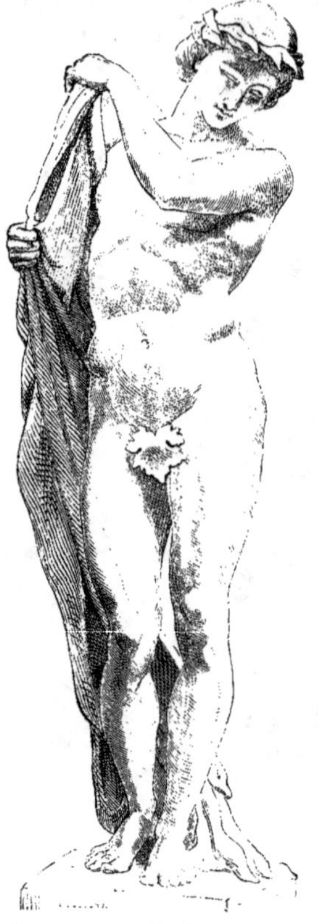

NARCISSE, PAR M. PAUL DUBOIS.
(Musée du Luxembourg.)

M. Chapu a été à Rome, il nous
montre comment on en revient, et
comment, sans oublier ce qu'on doit
à de nobles traditions, en peut péné-
trer au cœur de la modernité la plus
finement sentie.

Tout autre est M. Eugène Guillaume, que ses dons multiples et ses
aptitudes philosophiques ont conduit
à la chaire d'esthétique du Collège
de France; son expérience de l'enseignement, à la direction de notre
École des Beaux-Arts et ensuite à celle
de notre École de Rome. Le labeur
incessant de l'atelier a toujours été
associé en lui aux plus nobles spéculations de l'esprit. Toutes ses œuvres
sont marquées d'un accent de gravité
austère. Son pouvoir de concentra-
tion est extrême, et il a fait de l'ac-
coutumance à la réflexion une vertu
maîtresse. C'est un méditatif qui ne
livre rien au hasard de l'improvisa-
tion et qui échafaude ses pensées avec
le soin d'un architecte; il a, de plus,
la ténacité bourguignonne et une solidité foncière de tempérament qui
décèle son origine.

M. Guillaume est né à Montbard
en 1822. Entré à l'École des Beaux-Arts en 1841, il remporte le
prix de Rome en 1845, reçoit une première médaille en 1855 et est

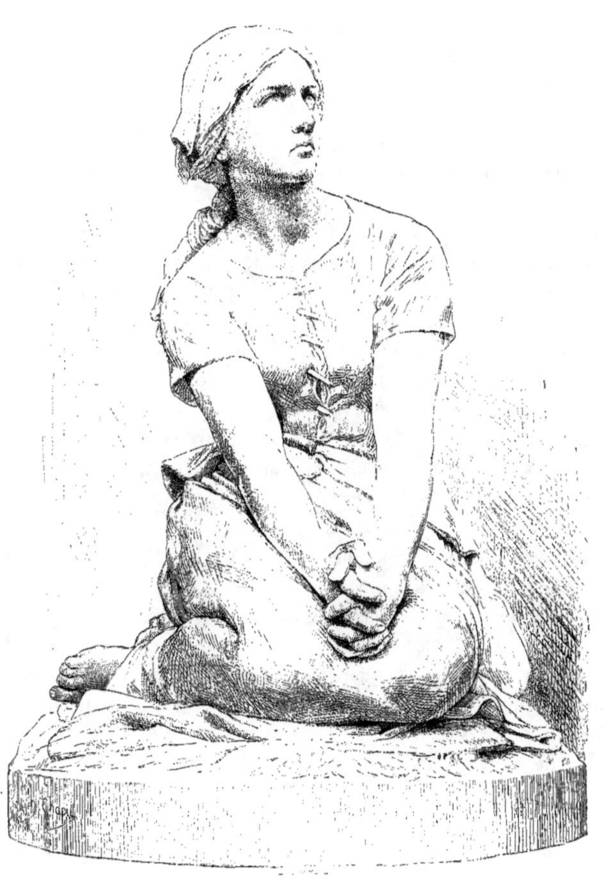

JEANNE D'ARC A DOMRÉMY, MARBRE PAR M. CHAPU.
(Musée du Luxembourg.)

nommé membre de l'Institut en 1862. Sa réputation a été fondée par un superbe groupe en bronze, un des meilleurs morceaux de la statuaire moderne, les *Gracques* du Musée du Luxembourg (Salon de 1853), ou pour mieux parler, le *Tombeau des Gracques*, où il a représenté les deux frères, en buste, se serrant la main dans une ultime étreinte. On y trouve résumée, avec une force vraiment supérieure, cette fermeté de l'idée et cette sobriété d'exécution qui sont les traits distinctifs du talent de M. Guillaume. Le buste d'Ingres, à l'École des Beaux-Arts, est de même trempe ; la devise fameuse du peintre : « Le dessin est la probité de l'art », pourrait aussi être celle du sculpteur.

M. Guillaume a beaucoup produit. Il suffit de rappeler le *Faucheur*, du Salon de 1855, le *Napoléon I⁰ʳ* exécuté pour le prince Napoléon, la statue de *Rameau* à Dijon, le *Mariage romain*, la *Source de poésie*, l'*Orphée* du Salon de 1878. Il enregistre encore à son actif de remarquables bustes, dont quelques-uns, par leurs qualités de pénétration morale et la haute tenue de leur exécution, resteront des œuvres exemplaires. Il était dans la nature de l'artiste de les châtier dans une possession tranquille de ces belles pratiques à l'ancienne d'où les vibrants du coup de pouce sont soigneusement bannis. Ils appartiennent à la lignée des grands bustes français des siècles précédents. Tels bustes de M. Guillaume, comme ceux de *Baltard*, de *Buloz*, de *Marc Séguin*, de *Jules Ferry*, du *Président Grévy*, et surtout celui de *Mᵍʳ Darboy*, resteront au sommet de la statuaire de portrait au xixᵉ siècle. Il est difficile d'apporter plus de dignité hautaine, de noblesse et de sincérité dans le maniement de cette forme d'art si particulièrement française.

Mais, M. Guillaume n'est pas seulement un sculpteur éminent, il est encore un grand écrivain, un esthéticien hors de pair. Il suffit de rappeler l'étude qu'il a écrite pour la *Gazette des Beaux-Arts* sur Michel-Ange. On y rencontre un mélange unique de chaleur contenue, de vigueur et de finesse, et une suprême distinction de forme. M. Guillaume pourrait être de l'Académie française.

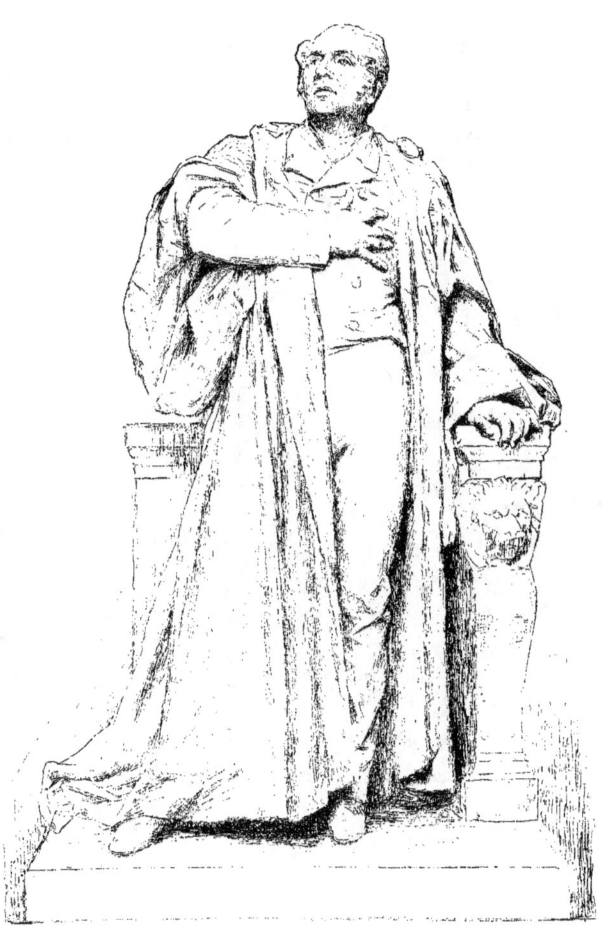

BERRYER, PAR M. CHAPU.
(Monument du Palais de Justice.)

Avec MM. Mercié et Falguière nous entrons dans le groupe toulou-
sain, l'école de Toulouse, comme on dit aujourd'hui. La manière
tout en dehors de M. Falguière est de celles qui attirent et retiennent
la sympathie. Nature riche, généreuse, éprise, à la façon de Carpeaux,

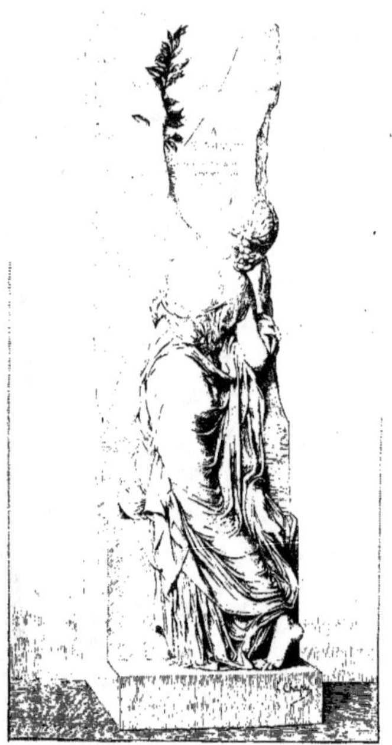

La Jeunesse, par M. Chapu.
(*Monument d'Henri Regnault.*)

de vie et de mouvement, M. Falguière est une des personnalités les
plus éclatantes, un des tempéraments les plus solides de la statuaire
moderne. Il a le don, il a la flamme, il a tout ce qui s'acquiert par la
volonté, et, en plus, ce je ne sais quoi qui est de nature et estampille
les œuvres d'une frappe originale. C'est une physionomie. Jeune

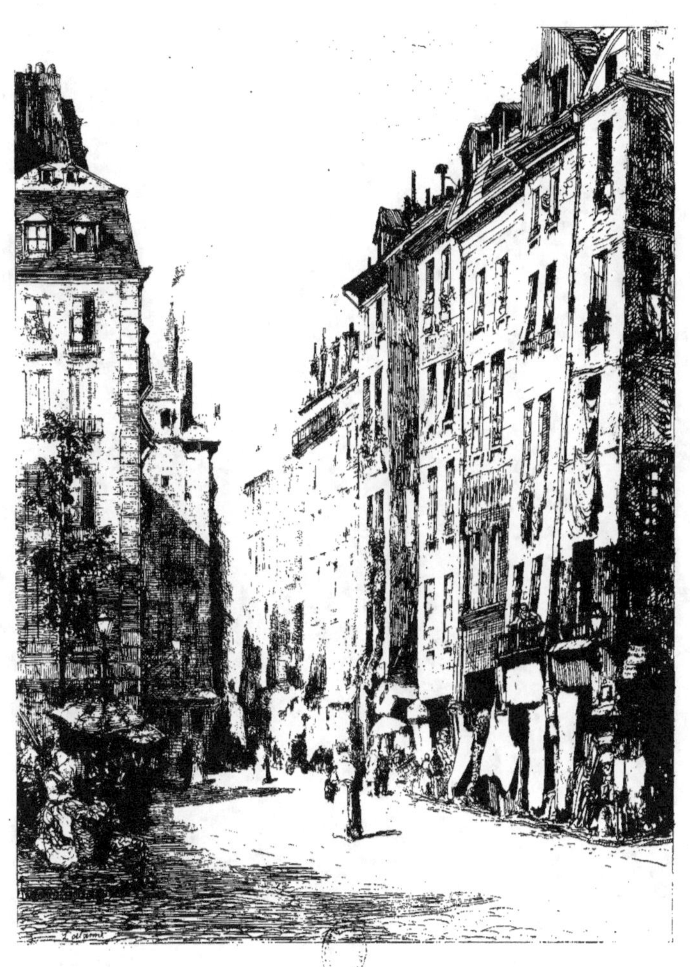

encore, M. Falguière a déjà derrière lui une admirable carrière d'artiste, trouvant même le loisir, au milieu de ses grands travaux plastiques, de s'affirmer comme un peintre de race, personnel et savoureux.

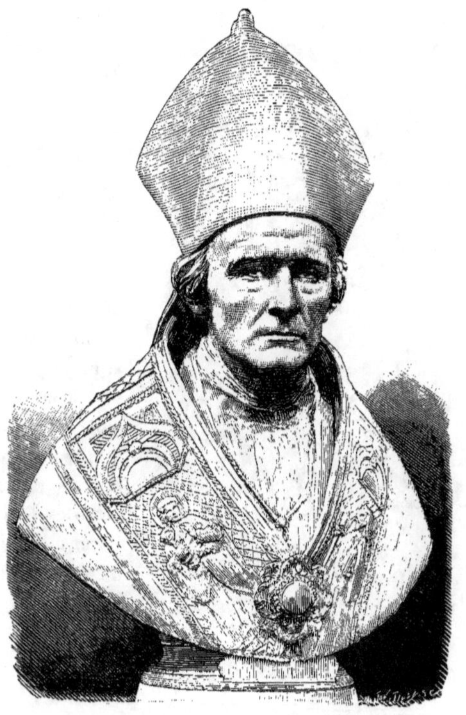

Mgr DARBOY, PAR M. GUILLAUME.
(Musée du Luxembourg.)

Il remporte le prix de Rome, en 1859, avec un *Mézence blessé
préservé par Lausus;* il obtient la médaille de 1re classe en 1867 et la
médaille d'honneur en 1868. Son premier succès date du Salon de
1864, et l'on en trouve l'écho unanime dans la critique d'alors; il avait

exposé une charmante, vive et juvénile figure en bronze intitulée le *Vainqueur au combat de coqs ;* on peut admirer ce petit chef-d'œuvre au Musée du Luxembourg, qui en possède un autre de l'artiste, le *Tarcisius mourant*, du Salon de 1867. Dans le nerveux d'exécution du *Tarcisius*, comme dans l'imprévue disposition du sujet, on devine un maître. Avec cette seule figure de marbre, caressée *ad unguem*, et parée de la plus touchante émotion, le nom de M. Falguière serait assuré de vivre ; mais ces deux œuvres, plus fines que robustes, ainsi que l'*Omphale*, la *Nuccia trasteverina*, l'*Ophélie*, ne révèlent qu'un côté assez fugitif de son talent. C'est dans des conceptions plus mouvementées et plus vibrantes, qu'il convient d'en mesurer toute l'étendue et toute la force ;

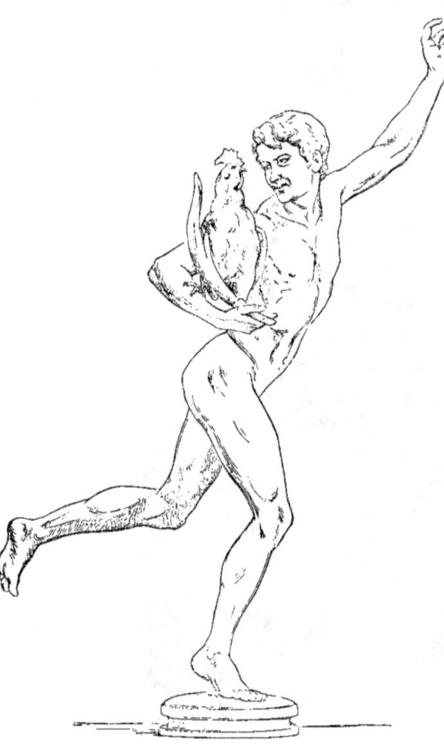

LE VAINQUEUR AU COMBAT DE COQS, PAR
M. FALGUIÈRE.
(*Musée du Louvre.*)

on se souvient de la maquette puissante qui a couronné un instant l'Arc de Triomphe ; il suffira de rappeler ici les trois morceaux accomplis qui ont établi à jamais la réputation de l'artiste : le *Saint Vincent de Paul* du Panthéon, et les deux *Diane*. Dans le *Saint Vincent de Paul*, il avait su exprimer la bonhomie simple et un peu paysanne du personnage, et en même temps sa grandeur morale. L'artiste avait abordé là des nuances de sentiment très délicates, et les avait rendues avec une franchise qui touchait au plus grand art.

Tous les détails d'exécution étaient d'une virtuosité supérieure. Dans ses deux *Diane*, il a tourné autour du vieux thème mytho-

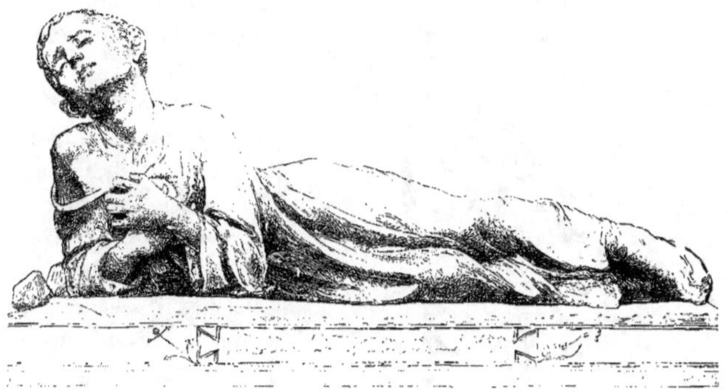

LE JEUNE MARTYR TARCISIUS, PAR M. FALGUIÈRE.
(*Musée du Luxembourg.*)

logique avec la curiosité affinée d'un moderne. Elles sont bien d'aujourd'hui, et en cela elles nous plaisent. L'une, charnelle, provocante, étalant ses formes drues avec un déhanchement audacieux ; c'est celle que nous donnons ici d'après un dessin de M. Falguière lui-même. L'autre, élancée, jeune de formes, fine en chair, parée d'une grâce désinvolte et de morbidesses charmantes, d'un modelé très souple, bien dégagé dans les attaches, un dos exquis, unique en son mouvement de torsion si original.

Au milieu des constellations de la sculpture française contemporaine, M. Antonin Mercié brille comme une étoile de première grandeur. Il s'est révélé tout d'un coup, comme il convient à un astre qui veut éblouir le monde. Nulle carrière plus rapide, plus heureuse que la sienne. Quatre ans après avoir remporté le prix de Rome (1868),

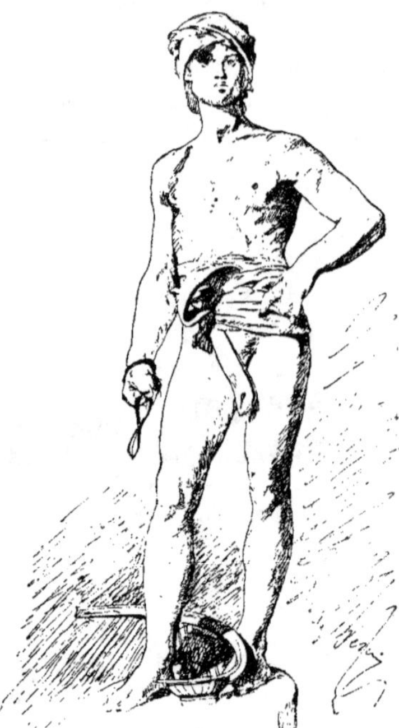

DAVID AVANT LE COMBAT, PAR M. MERCIÉ.
(Croquis de l'artiste.)

M. Mercié, élève préféré de M. Falguière, obtenait une première médaille avec son exquise figure de *David*, élégante et nerveuse comme un Donatello, orientale comme une étude d'Henri Regnault. Immédiatement elle fut popularisée par la réduction de M. Barbedienne.

Sans laisser l'enthousiasme se refroidir, avec une impétuosité toute méridionale, il s'élança de nouveau dans la mêlée du Salon (1874). Un groupe épique, d'une invention touchante et faite pour émouvoir les cœurs, d'un balancement harmonieux et hardi, d'une conduite libre et ferme, avec un brio d'exécution qui est déjà comme une signature, un groupe devenu fameux, *Gloria victis*, dont le bronze, fut destiné au square Montholon, porta sur les ailes du succès le nom de son auteur.

M. Mercié affirmait dans ces deux œuvres, en même temps que sa verve juvénile, une rare entente de la composition, une justesse de

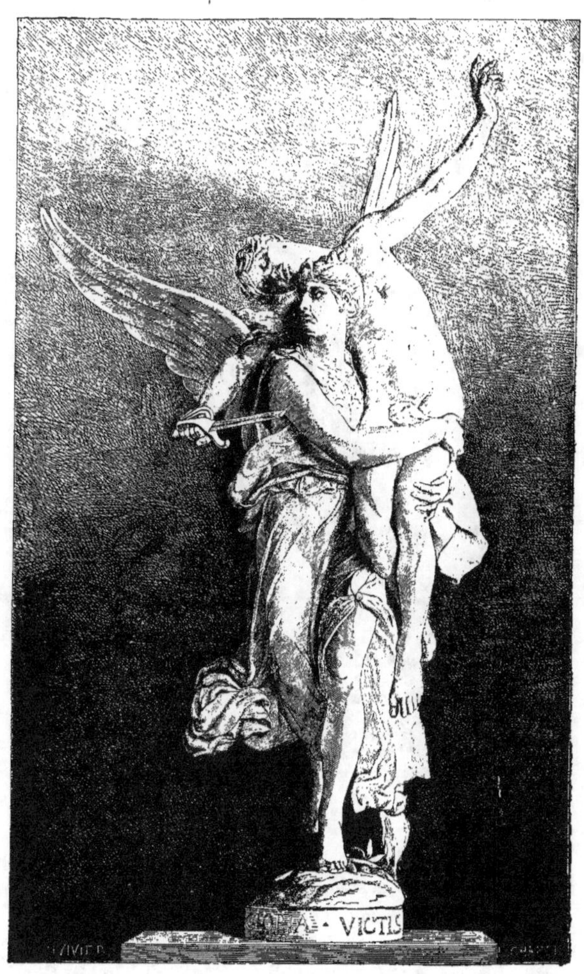

GLORIA VICTIS, GROUPE PAR M. MERCIÉ.

sentiment, une mesure et un goût qui le tiraient sans discussion hors
des rangs. Le superbe haut-relief du *Génie des Arts*, qu'il exécutait
peu après pour le grand guichet du Louvre, n'était pas pour démentir
les promesses du début. A mes yeux, c'est un des morceaux qui

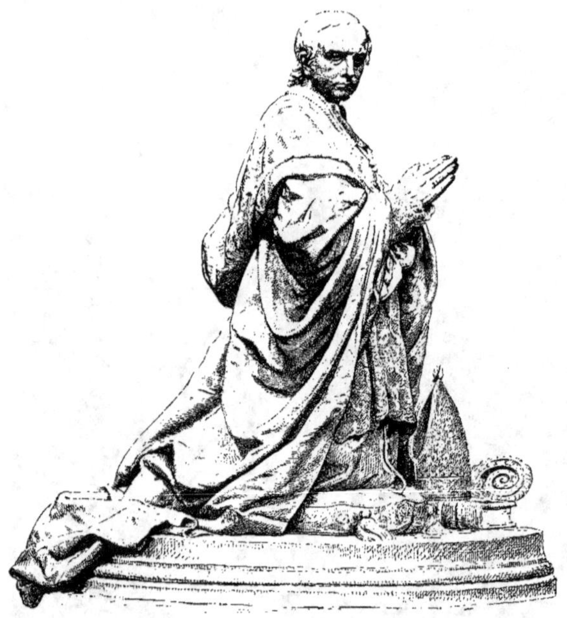

Mgr LANDRIOT, PAR M. THOMAS.

caractérisent le mieux la manière de l'artiste. J'aime infiniment son
élégante silhouette, détachée sur un fond d'or, le mouvement relevé
du Pégase, l'attitude originale et charmante du Génie qui pose à peine
sur la croupe du coursier, la belle envolée de toutes les lignes. Avec
l'admirable figure du *Souvenir*, destinée au tombeau de Mme Charles
Ferry, et dont une répétition en marbre a été offerte par M. Charles

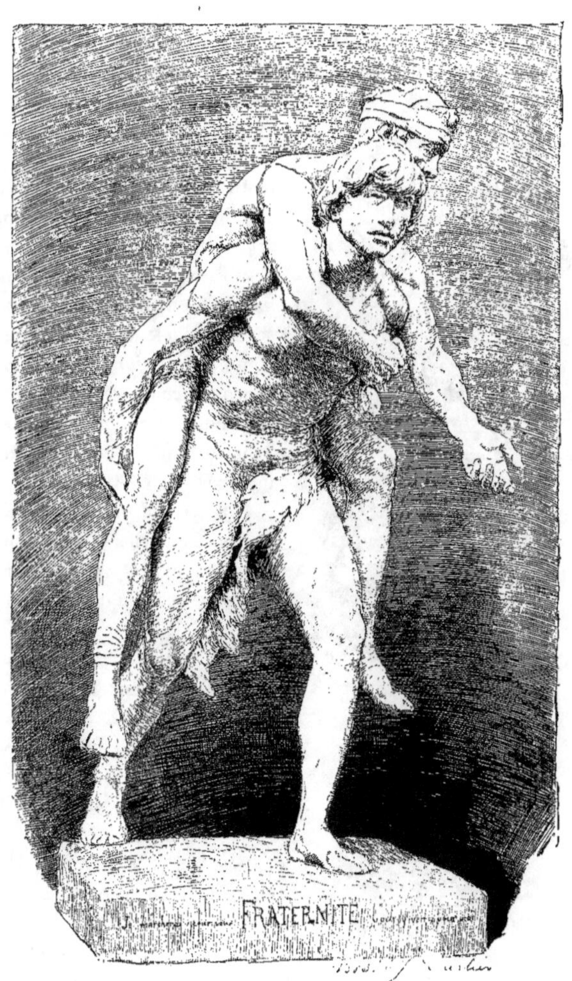

FRATERNITÉ, PAR M. CARLIER.
(*Dessin de l'artiste.*)

Ferry au Musée du Luxembourg, je tiens le relief du guichet du
Louvre pour le chef-d'œuvre de
l'artiste, celui du moins où l'inspiration est la plus franche, la
pensée la plus concrète. Nous
sommes heureux de pouvoir placer sous les yeux du lecteur
l'esquisse au crayon du *Souvenir*. Le jeune maître y a fait passer en quelques traits légers,
comme le parfum subtil de ce
charme attendri, de cette émotion
contenue et profonde qui répan-
dent sur cette idéale conception
une grâce si poétique.

M. Mercié a, du reste, la veine
heureuse et facile, la grâce communicative; en vrai magicien,
il anime ce qu'il touche, de
rythme, de mouvement et de
vive expression; ses idées ont une
exquise fraîcheur; sa main possède toutes les adresses et à l'occasion toutes les audaces; son
imagination se prodigue sans
compter. Il est le plus jeune des
membres de l'Institut, et son
bagage est considérable. Il a
signé de délicieux bustes de femmes, des statuettes que les amateurs se disputent (*Junon vain-*

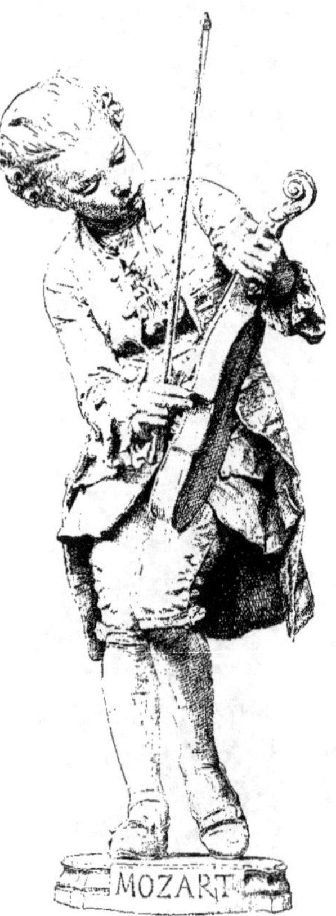

MOZART ENFANT, PAR M. BARRIAS.
(*Dessin de l'artiste.*)

cue, Judith, David avant le combat); il s'est illustré enfin par des
monuments de grande envergure, comme ceux de Michelet

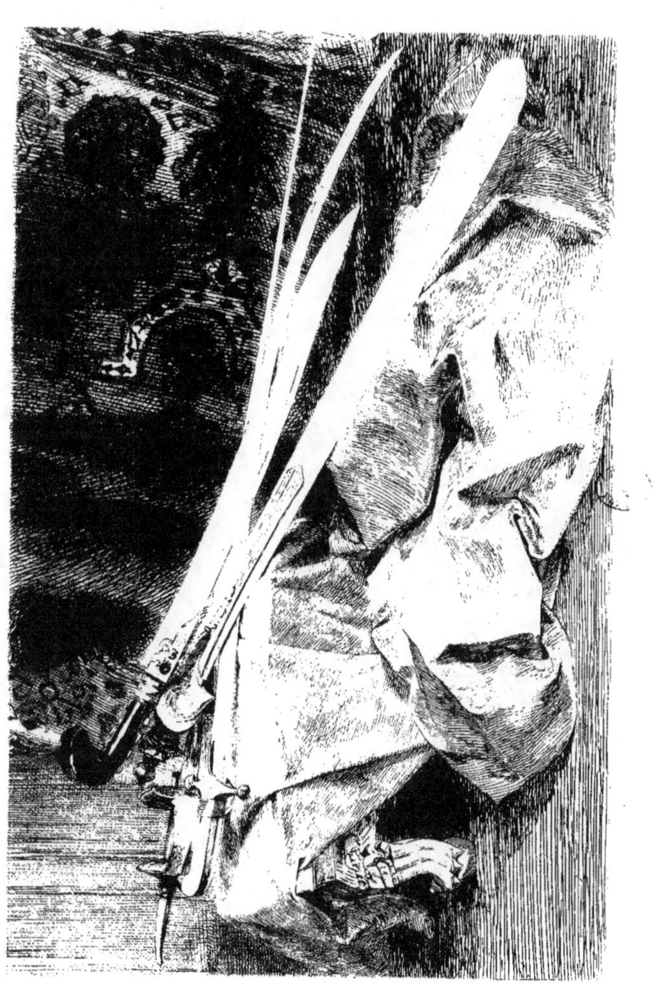

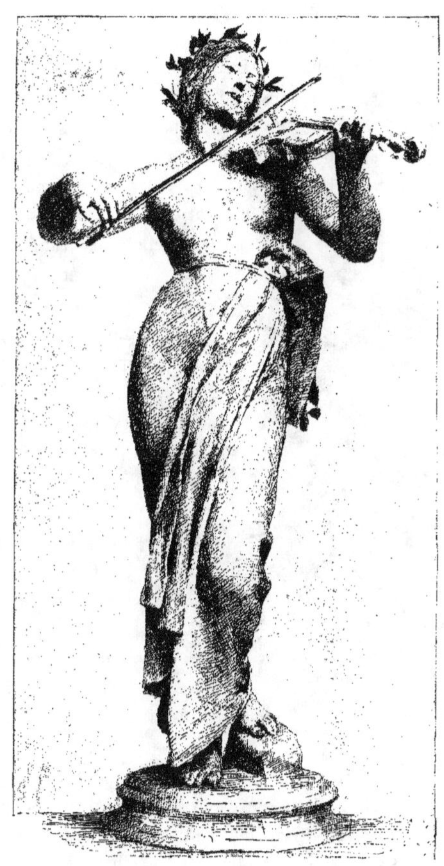

LA MUSIQUE, PAR M. DELAPLANCHE.
(Musée du Luxembourg.)

et de Baudry au Père-Lachaise, comme celui d'Arago à Perpignan.

Autour de MM. Falguière et Mercié gravite le groupe très actif des Toulousains, tous gens de talent et de tempérament : MM. Marqueste, Injalbert, Carlès, Idrac, Puech. Les débuts du plus jeune, M. Puech, pronostiquent un artiste de grand avenir. Il a déjà produit de nombreux et charmants bustes de femmes, traités à la manière libre et élégante du xviiie siècle, un bas-relief décoratif représentant la *Seine*, et un groupe de marbre, la *Sirène*, enlevé avec une virtuosité étonnante. Ce dernier morceau, dont on n'a pas oublié le brillant succès il y a deux ans, vient d'être acquis par l'État pour le Musée du Luxembourg.

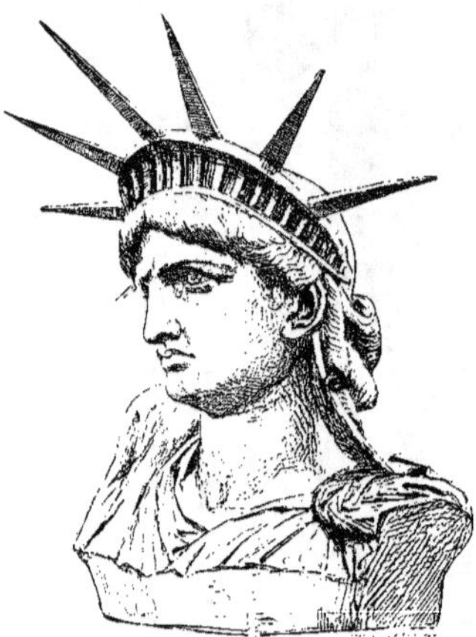

FRAGMENT DE LA STATUE COLOSSALE DE
LA LIBERTÉ, PAR M. BARTHOLDI.

Pour être équitable, il faudrait placer en regard du groupe de Toulouse celui de Valenciennes, le Nord et le Midi : MM. Crauk, Carlier, Hiolle, Cordonnier, Peinte, Croisy, Laoust, Hector Lemaire, etc. M. Crauk est d'une génération plus ancienne, comme M. Cavelier, dont l'enseignement a formé tant de sculpteurs de talent. M. Crauk, élève de Pradier, est né à Valenciennes; il a remporté le prix de Rome en 1851. Son œuvre la plus complète me paraît le groupe de *Bacchante et Satyre*, qui valut à son auteur une médaille de 1re classe à l'Exposition de 1867. M. Cavelier est à cette heure, avec MM. Guillaume et Thomas, avec M. Bonnassieux, l'auteur de la Vierge colossale du Puy-en-Velay et d'un admirable buste du Père Lacordaire, un des doyens de l'école; élève de David d'Angers, maître de Barrias, de Turcan, de Sachetet, de Verlet, d'Allar, de Noël, de Coutan, de Longepied et *tutti quanti*, il est un des derniers et l'un des plus distingués représentants d'une génération qui s'en va. Ainsi que l'a dit M. André Michel (*Gazette des Beaux-Arts*, 1889), « il appartient à cette lignée d'artistes, qui, par la tenue de leurs œuvres, la solidité de leur savoir, l'efficacité de leurs conseils, transmettent comme ils les ont reçus un corps de doctrines, un enseignement, une tradition, positifs et assimilables, assurent ainsi de génération en génération la perpétuité et la vitalité d'un art, la sécurité, pourrait-on dire, et l'honneur d'une école et lui permettent de remplir les intérims toujours longs du génie ». C'est au château de Dampierre que se trouve sa *Pénélope* fameuse, dont le succès, un peu accablant pour un artiste aussi ennemi du bruit, a fait trop oublier des œuvres excellentes comme l'*Odyssée*, la *Bacchante*, le *Gluck*.

J'ai parlé de M. Guillaume. M. Thomas, l'un des meilleurs élèves de Dumont, honoré de la

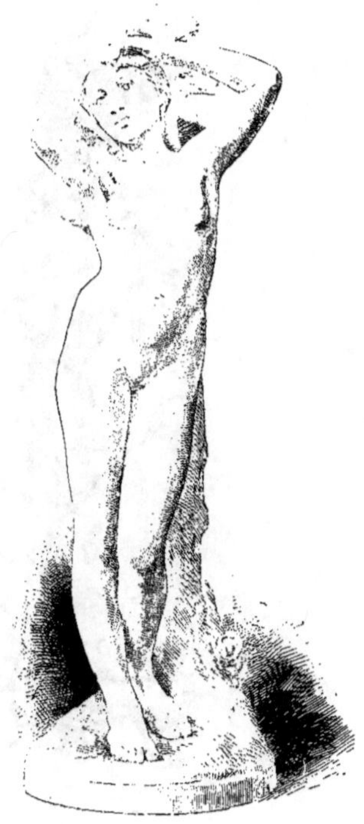

L'ADOLESCENCE, PAR M. ALBERT
LEFEUVRE.
(*Dessin de l'artiste.*)

grande médaille en 1880, pour sa très belle statue de *M{{gr}} Landriot*, et membre de l'Institut, est un artiste pondéré, aux intentions claires, directes, ayant le sens du monumental et des arrangements sévères. Il a fait nombre d'excellents bustes, notamment ceux de *Dumont*,

d'*Abadie* et de *Bouguereau;* il a exécuté la statue de *Mlle Mars*
pour la Comédie-Française, les cariatides polychromes de l'escalier
de l'Opéra et le *Virgile* du Musée du Luxembourg.

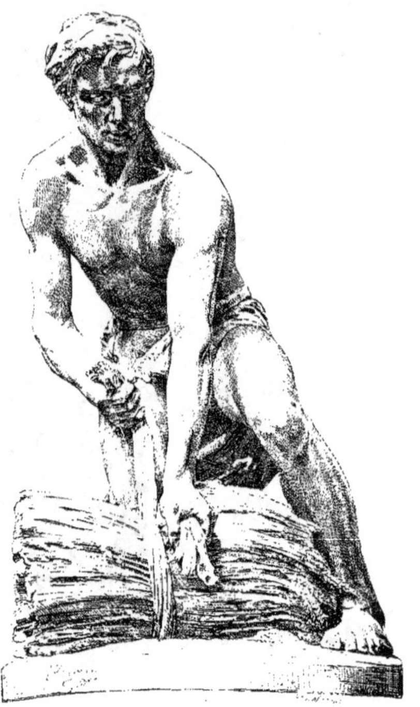

UN LIEUR DE BLÉ, PAR M. HIOLIN.

M. Barrias est également membre de l'Institut; il a reçu la médaille
d'honneur en 1878, pour son *Serment de Spartacus;* c'est un des statuaires les plus fins et les plus délicats de notre féconde école. Je ne
retiendrai, au milieu d'une production extrêmement variée et impec-

cablement habile, que l'adorable figure de *Mozart enfant*, dont le
bronze, fondu à cire perdue, est un des plus précieux ornements de
la salle de sculpture au Musée du Luxembourg. Le mouvement

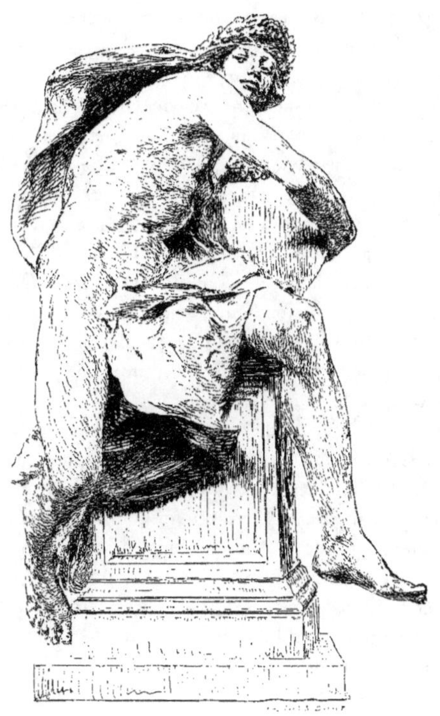

GÉNIE GARDANT LE SECRET DE LA TOMBE, PAR M. DE SAINT-MARCEAUX.
(*Dessin de l'artiste.*)

ingénu et franc, bien observé sur nature, la composition de l'attitude
et l'originalité du parti, la scrupuleuse vérité du costume et le soin
apporté à tous les détails font de ce charmant morceau un bijou dont
la vogue était inévitable. A part la *Jeunesse* de Chapu, le *Chanteur*

de Dubois, les deux *David* de Mercié, la *Musique* de Delaplanche,
l'*Arlequin* de Saint-Marceaux, il n'est pas d'œuvre qui ait obtenu
dans les reproductions de M. Barbedienne un plus vif succès.

Je n'aurai garde d'omettre ici un peintre célèbre, qui occupe ses
loisirs à nous donner de la très rare et très curieuse plastique :
M. Gérôme. L'auteur du *Prisonnier* et de la *Mort de César* a
débuté dans l'art de la statuaire par un coup d'éclat. Son groupe
de *Gladiateurs,* lorsqu'il parut, fit sensation; l'artiste avait su en relever la précision archéologique par le robuste dessin des formes en
action. Depuis, M. Gérôme, qui est un des esprits les plus vifs et les
plus subtils de notre temps, s'est lancé dans les recherches de la statuaire polychrome, obtenue, soit par les rehauts de la peinture, soit
par la diversité des matières. Ses deux statuettes, *Danseuse athénienne*
et *Tanagra* (Musée du Luxembourg) sont des essais très ingénieux et
très délicats de polychromie peinte. M. Gérôme travaille en ce
moment à une grande figure de *Bellone,* en métal et en ivoire, qui
promet d'être extrêmement intéressante.

Revenons à la jeune génération. Delaplanche, prématurément
enlevé à notre école, était, comme Chapu, un coryphée dans le maniement des grâces féminines. Son *Éducation maternelle* du square de
Sainte-Clotilde, son *Ève*, sa *Vierge au lys* du Musée du Luxembourg
et sa ravissante figure de la *Musique* sont des œuvres que les changements du goût n'atteindront pas.

Il conviendrait de placer dans son voisinage Schœnewerk et Gauthe-
rin, que la mort nous a également enlevés avant l'heure, et dont les
qualités aimables sont de même famille.

Mais l'espace est compté. Ils sont légion, ceux qui mériteraient plus
qu'une brève mention. C'est merveille, en vérité, comme ce grand art
austère de la sculpture, d'habitude si peu rémunérateur, conserve
d'adeptes dans notre pays. En face des autres pays, c'est une gloire
dont nous pouvons être fiers et que personne ne nous dispute. Si le
talent est partout, ce n'est qu'en France que la statuaire s'offre dans
la plénitude de ses moyens, dans sa variété, dans ses hautes visées

décoratives. Loin de moi la pensée de prétendre qu'il n'y a pas eu à l'étranger de grands, de très grands artistes, et je les saluerai tout à l'heure avec les égards dont ils sont dignes ; je veux seulement indiquer que ce n'est qu'en France qu'on rencontre un pareil renouvellement d'idées, une si imposante variété de méthodes, de recherches et d'efforts, un si visible désintéressement.

Et j'ai passé sous silence bien des artistes de valeur. Je n'ai rien dit de M. Rochet, l'auteur du *Charlemagne*, du parvis Notre-Dame, de M. Bartholdi, qui a dressé le *Lion de Belfort* et la statue colossale de la *Liberté*, à New-York, de M. d'Épinay, l'auteur de *Ceinture dorée*, ni de MM. Verlet, l'auteur d'un délicieux *Orphée*, Peynot, Suchetet, l'auteur de la poétique *Biblis* du Luxembourg, Dampt, Hiolin, Truphême, Mathurin-Moreau, Itasse, Soldi, Ringel, Aizelin, Doublemard, Carriès, le céramiste, Geoffroy-Dechaume, le restaurateur de nos vieux monuments, Alfred Lanson, Zacharie Astruc, Albert Lefeuvre, Coutan, l'auteur de la belle fontaine monumentale de l'Exposition de 1889, Boucher, l'auteur des *Coureurs*, Aubé, celui du monument de Gambetta, Turcan, celui de l'*Aveugle et du Paralytique*, ni de la duchesse d'Istria Colonna, qui, sous le pseudonyme de Marcello, a signé la *Pythonisse* en bronze du vestibule inférieur de l'escalier de l'Opéra.

Je n'ai rien dit non plus de M. de Saint-Marceaux, un amateur qui manie la sculpture comme un maître, qui a l'heureux privilège de n'avoir point à compter avec les commandes, arrive à son heure, comme un homme sûr de lui, et que rien n'empêche de donner à la réalisation de son idéal tout le fini dont il est susceptible. Son art n'est point du très grand art assurément ; mais il est personnel, sans violence et assaisonné d'un piment discret, qui s'accorde au mieux avec les goûts du public mondain. M. de Saint-Marceaux a peu produit et son œuvre se résume en trois morceaux de choix, auxquels il ne manque pour être des chefs-d'œuvre qu'une affirmation plus résolue du caractère et du style. Deux de ces morceaux, dont le second fut récompensé de la médaille d'honneur au Salon de 1879, figurent au Musée du Luxembourg : ce sont les marbres de la *Jeunesse de Dante* et du *Génie gardant le secret de la tombe*. Le troisième eut une vogue dont on n'a pas perdu le souvenir : c'est l'*Arlequin* en bronze, que la mordante eau-forte de M. Paul Le Rat met ici même sous les yeux du lecteur.

Je n'ai rien dit enfin de deux artistes qui, par leurs tendances, leurs œuvres et leur vie, sont restés solitaires et volontairement en dehors du mouvement général de l'art contemporain : deux maîtres qui, par leurs qualités comme par leurs défauts, se détachent en vigueur : MM. Dalou et Rodin.

Par son maître Carpeaux, M. Dalou descend de Rude en droite ligne. Il appartient à l'art vivant, sans épithète ; de même M. Rodin. Tous deux ils exposent au Champ-de-Mars ; cela accentue encore leur attitude indépendante. Pour de multiples raisons, la critique s'est excitée autour de leurs œuvres. Il semble qu'il convienne de les envisager avec plus de calme. MM. Dalou et Rodin ne sont pas des aventureux ; leur éducation est aussi largement pourvue que celle de n'importe quel sculpteur d'école ; ils s'offrent à nous aujourd'hui en complète possession de leurs moyens techniques, poursuivant la réalisation de leur rêve avec une entière bonne foi. On peut les discuter dans leurs tendances ; on ne peut nier leur force, leur sincérité et leur immense talent.

A le voir aujourd'hui si nettement dégagé de toute servitude, si libre en son art, si ferme en son amour de la vérité, on ne pourrait soupçonner M. Jules Dalou d'avoir fait ses premiers pas d'écolier docile dans l'atelier d'Abel de Pujol et dans celui de Duret. *Quantum mutatus...* Il est vrai qu'après l'apprentissage de l'École des Beaux-Arts, il s'est empressé d'aller se réchauffer au contact de l'ardeur communicative de Carpeaux. L'influence de ce dernier ne s'établit pas toutefois sans débat, et les premières œuvres de M. Dalou témoignent d'un état d'âme encore incertain. Ce n'est que récemment que ce grand artiste nous a donné les preuves com-

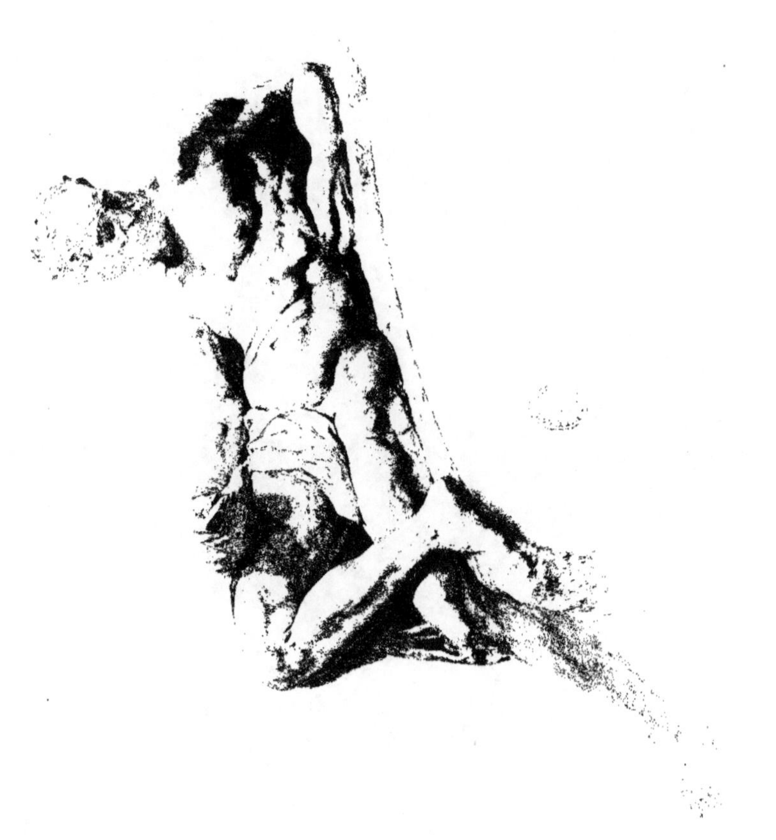

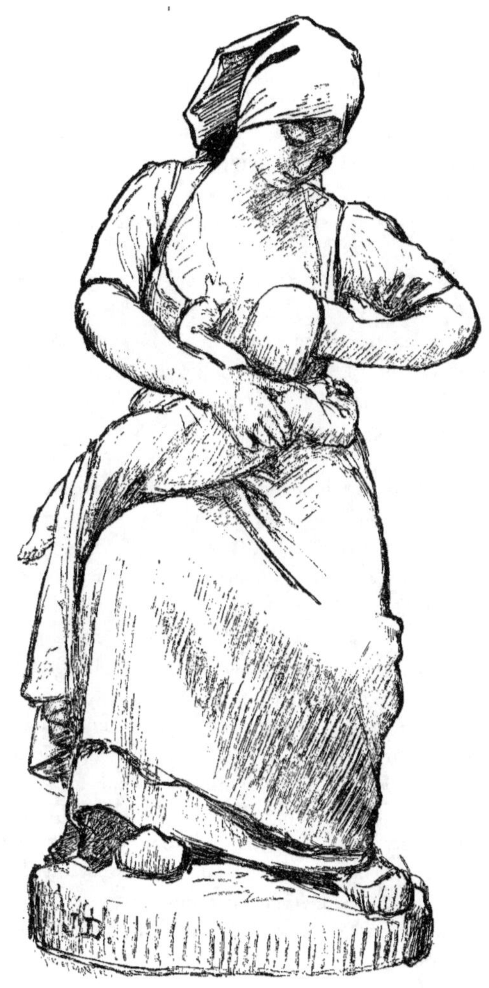

PAYSANNE FRANÇAISE, PAR M. D....
(*Dessin de l'artiste.*)

plètes de sa puissante personnalité. Il a les qualités maîtresses du sculpteur, celles que Rude louait entre toutes : l'élan, la conviction, la clarté de la pensée, la franchise de l'exécution, le souci du morceau exact, le sens général des synthèses. M. Dalou, qui se contente de vouloir être humain, a su mieux que personne gagner la foule. Son art, d'ailleurs, est essentiellement compréhensif et pittoresque; par beaucoup de côtés il se rapproche de la peinture. Qu'on veuille bien songer un instant à ses œuvres significatives : aux bustes de *Rochefort* et de *Vacquerie*, ces études de vérité saisissante, aux bas-reliefs monumentaux du *Triomphe de Silène*, de la *République* et des *États généraux*, au *Projet de fontaine* du Salon de 1891, au *Monument d'Eugène Delacroix*. Le bas-relief des États Généraux, exécuté pour la Chambre des Députés, est un chef-d'œuvre dont l'éloge n'est plus à faire, une pièce capitale dans l'édifice de la sculpture contemporaine. Il nous montre Mirabeau au moment où il adresse à Dreux-Brézé son apostrophe véhémente. C'est un superbe tableau d'histoire où le drame, le mouvement des personnages, l'expression particulière, la perspective des plans, les costumes, les accessoires de la scène, — l'atmosphère même, tant l'artiste y a mis de relief et de couleur —, sont rendus d'un ciseau dont la souplesse égale celle d'un pinceau. Si Puget n'avait pas fait son *Diogène*, je dirais que l'art du bas-relief n'a jamais rencontré une animation aussi picturale et aussi colorée.

C'est encore par la souplesse et le mouvement des formes, par l'intensité expressive de l'idée que se distingue la manière de M. Rodin, l'auteur du *Baiser* et de la future *Porte de l'Enfer* destinée au futur palais du Musée des Arts décoratifs. M. Rodin est un grand artiste, cela est incontestable, à ne considérer que la puissance et la spontanéité de la main; c'est un merveilleux tempérament de statuaire, né pour l'observation aiguë de l'humaine réalité, un admirable pétrisseur de chair, un praticien hors ligne, original, plein de feu et de passion. Il serait un maître accompli s'il n'était parfois desservi par je ne sais quelle mobilité ou indécision de caractère. M. Rodin aurait dû fermer

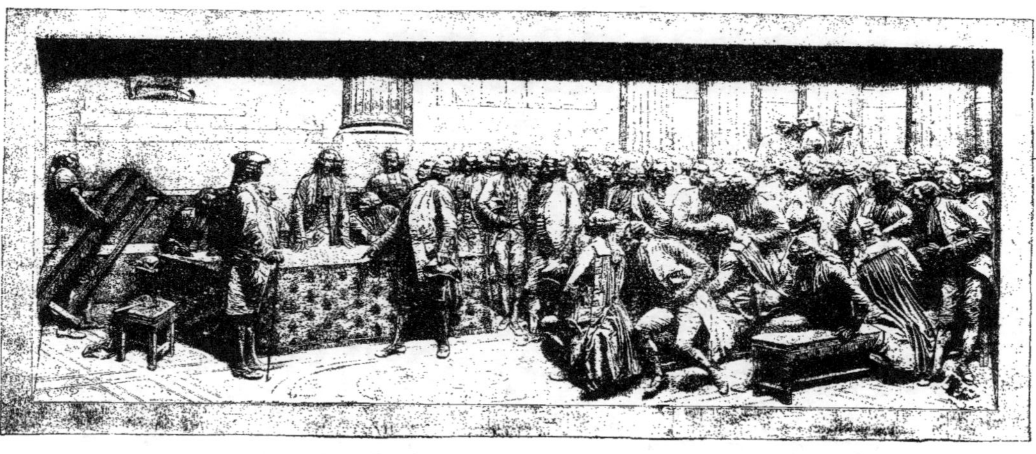

LES ÉTATS GÉNÉRAUX, BAS-RELIEF DE M. JULES DALOU.

la porte de son atelier aux littérateurs et donneurs de conseils ; au lieu de cela il l'a ouverte à deux battants et chacun a dit son mot à ce laborieux, à ce naïf qui n'est point fait pour les subtilités. L'un lui révélait Michel-Ange, l'autre Beaudelaire, un troisième Félicien Rops. La presse a failli lui être funeste. Heureusement, sa nature, robustement trempée, triomphera de toutes les inquiétudes déconcertantes. M. Rodin fera du Rodin, et c'est ce qu'il pourra faire de mieux. N'eût-il modelé que quelques bustes ultra-vivants, comme ceux de *Dalou*, d'*Antonin Proust* et de *Victor Hugo*, quelques morceaux d'invention géniale, comme le groupe du *Baiser*, un chef-d'œuvre, ou l'*Homme s'éveillant à la vie*, du Jardin du Luxembourg, ou le *Saint Jean-Baptiste* ou la petite *Danaïde* du Musée du Luxembourg, que, sans attendre la *Porte de l'Enfer* à laquelle l'artiste travaille depuis nombre d'années et qui, à en juger par les détails entrevus et les maquettes, sera unique en son espèce, nous proclamerions M. Rodin un des maîtres du temps présent.

Il y a deux sortes de médailles : la médaille modelée en cire et fondue au moule, telle qu'on l'a pratiquée en Italie au xv⁰ siècle, et la médaille frappée au coin et au balancier, suivant le procédé employé pour la fabrication des monnaies. Les deux sortes appartiennent par les côtés les plus nobles, les plus fins et les plus rares au grand art de la statuaire. Il y a des médailles grecques dont la frappe a la douceur des plus belles fontes. Le médailleur, par les conditions mêmes de sa création, qui la rendent moins qu'une autre fragile et périssable, est mieux assuré que le sculpteur d'une longue survie. La France, depuis le xvi⁰ siècle, a excellé dans la pratique de cet art difficile entre tous. Le Musée de l'Hôtel des Monnaies de Paris en présente la complète histoire ; le jour où il sera convenablement classé et installé, ce sera une révélation et une réhabilitation.

Au xviii⁰ siècle, notre pays possédait en abondance des médailleurs

exquis. Le règne de Louis XV a produit de véritables chefs-d'œuvre
qui ne sont point indignes des
grands souvenirs laissés par les
Dupré et les Varin. On savait alors
à merveille dégrader les plans et
assouplir les reliefs par le gras
des contours. Avec la fin du
règne de Louis XVI et la Révolution, le travail devint subitement
plus sec. Le style académique
appliqué à la médaille faillit tout
compromettre. Duvivier lui-même, le grand Duvivier, graveur
général des monnaies, qui avait
signé tant de chefs-d'œuvre, s'é-
gare, sur la fin, dans de fades compositions à l'antique et ne se retrouve en possession de lui-même
que dans le portrait (médaillons
de *Bailly*, de *Necker*, de l'*Abbé
de l'Épée*); de même son succes-
seur, Augustin Dupré, qui cherche, suivant l'heureuse expression
de M. Roger Marx, « à revêtir d'a-
mabilité le symbolisme révolutionnaire » [1], et ne se retrouve
également que dans le portrait.
C'est à lui qu'on doit l'écu à l'Hercule et la pièce d'or avec le Génie

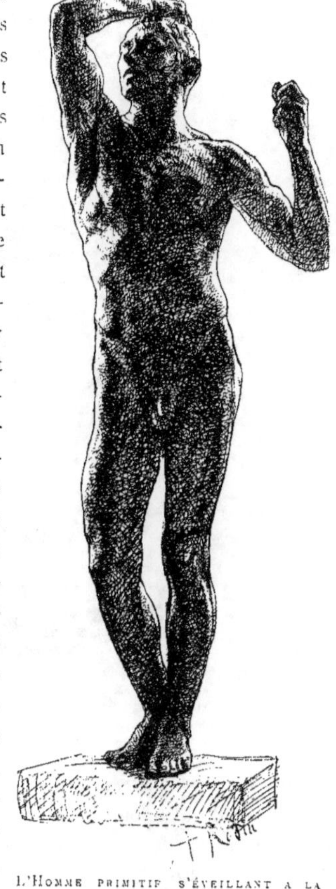

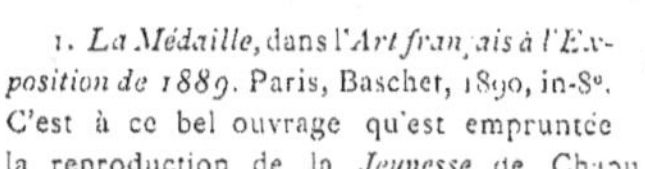

L'HOMME PRIMITIF S'ÉVEILLANT A LA
VIE, PAR M. RODIN.

1. *La Médaille*, dans l'*Art français à l'Exposition de 1889*. Paris, Baschet, 1890, in-8°.
C'est à ce bel ouvrage qu'est empruntée
la reproduction de la *Jeunesse* de Chapu, gracieusement communiquée par l'édi-
teur et que nous avons donnée plus haut.

de la Constitution, que la troisième République s'empressera
de reprendre. De même encore Nicolas-Marie Gatteaux, l'auteur
remarquable de l'*Abandon des privilèges* et des portraits du gouver-
neur *Eliot* et de *J.-P. Droz*. Ces artistes de l'ère impériale avaient
gardé quelque chose de la simplicité élégante de l'époque qui venait

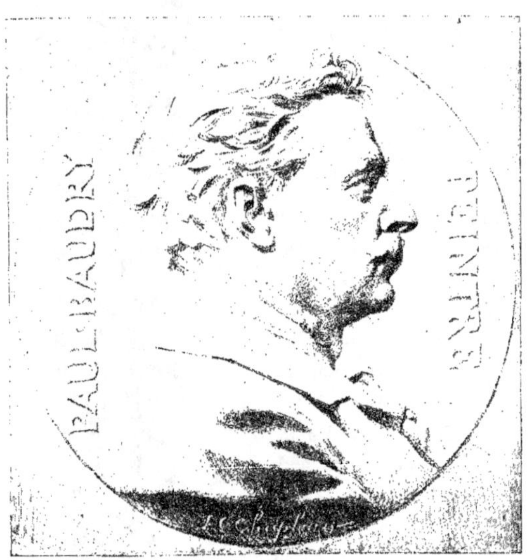

MÉDAILLE DE PAUL BAUDRY, PAR M. CHAPLAIN.
(Dessin de l'artiste.)

de finir et leurs œuvres se distingueront toujours par une suprême
délicatesse d'exécution. Après eux, l'art de la médaille s'en va en
déclinant, malgré les travaux consciencieux des Andrieu, des Domard,
des Galle, des Bovy, des Barre, des Michaud; puis, sous la Restauration et durant le règne de Louis-Philippe, il refleurit peu à peu sous
l'effort des recherches nouvelles. David d'Angers et Barye, par leurs

médaillons, exercent une salutaire influence. Les noms de Depaulis, d'E. Gatteaux, d'Oudiné, de Farochon sont à retenir. C'est dans le commerce des œuvres d'Oudiné, déjà animées d'un sentiment moderne, que se formeront MM. Ponscarme, Chaplain, Tasset, Daniel Dupuis, Alphée Dubois, Degeorge, et plus tard M. Roty, régénérateurs du grand art de la glyptique. Aujourd'hui, dégagé des lourdeurs du second Empire, grâce surtout à MM. Chaplain et Roty, il est en complète résurrection. Les belles vitrines, qui viennent d'être organisées au Musée du Luxembourg, sont là pour en témoigner. De ces deux maîtres, honneur de notre école, on ne pourra jamais assez faire l'éloge; plus tard, quand ils ne seront plus, apparaîtra toute l'étendue de leurs mérites. Les compositions de M. Chaplain ont la noblesse du sentiment, la gravité de l'allure, l'élégance et la précision de l'idée symbolique, le savant équilibre des formes. Ame tenace, laborieuse, jamais satisfaite, M. Chaplain grandit chaque jour dans une communion constante avec le modèle. Les derniers médaillons, notamment ceux de *Gérome*, de *Baudry*, de *Delaunay*, sont des œuvres d'une sincérité admirable.

M. Roty associe dans un accord exquis la grâce émue, la tendresse souriante et le plus délicieux sentiment de nature. Son style est fait d'indépendance et d'originalité; la modernité la plus rare y rajeunit, sans un écart de goût, les formes de l'allégorie. Une médaille, une plaquette, un portrait de M. Roty sont proprement la délectation des yeux et du toucher. Certains chefs-d'œuvre signés de son nom, comme ceux de M. Chaplain, iront un jour dans les collections, à côté des Pisanello, des Matteo de'Pasti, des Dupré. M. Roty a ouvert des voies nouvelles; il a restauré les anciens procédés de la fonte, propices à la liberté du faire et plus artistiques que ceux de la frappe; il a proclamé l'éloquence imprescriptible de la nature et les droits de la vie. Son influence a fait surgir une école; on la retrouve dans les vivants médaillons d'Alphonse Legros et dans les expressives plaquettes de Michel Cazin.

LA SCULPTURE ÉTRANGÈRE

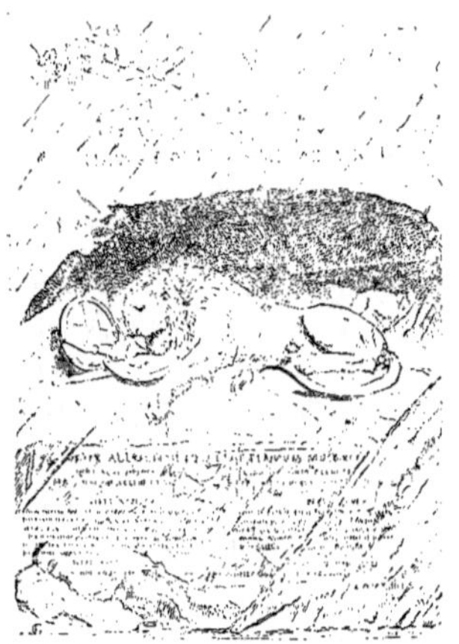

LE LION DE LUCERNE, PAR THORWALDSEN.

Sans avoir l'espace de retracer ici l'histoire de la sculpture étrangère au XIXᵉ siècle, il importe cependant d'en indiquer en peu de mots les principaux jalons.

Alors que David dirige chez nous le mouvement de rénovation classique, trois artistes éminents jouent un rôle analogue hors de France : Canova, en Italie, Thorwaldsen et Rauch dans l'Europe septentrionale. Canova eut une gloire immense ; il personnifia un moment l'esthétique d'une époque. La rigueur doctrinaire de David n'était pas aussi facilement acceptée que la grâce persuasive, élégante et imperturbablement correcte du maître italien. Je l'ai déjà dit, l'influence de Canova, appuyée sur la faveur de Napoléon, eut une action énorme sur le goût ambiant ; tous les sculpteurs d'alors passèrent plus ou moins par son atelier ; en France, Chaudet, Rutchiel, Dupaty, Milhomme et d'autres encore furent ses imitateurs directs. Personne, depuis Le Bernin, n'apporta, au travail du marbre, dans le modelé des chairs, une virtuosité aussi étourdissante. L'Italie d'aujourd'hui en est restée aux procédés un peu épidermiques, mais très séduisants, de ce praticien hors ligne. Vela, l'auteur du *Napoléon mourant*, est un descendant de Canova.

La vie de Canova, comme celle de Rubens, de Velasquez, est bien la vie d'un grand de ce monde. Il est reçu, fêté par les rois, avec des

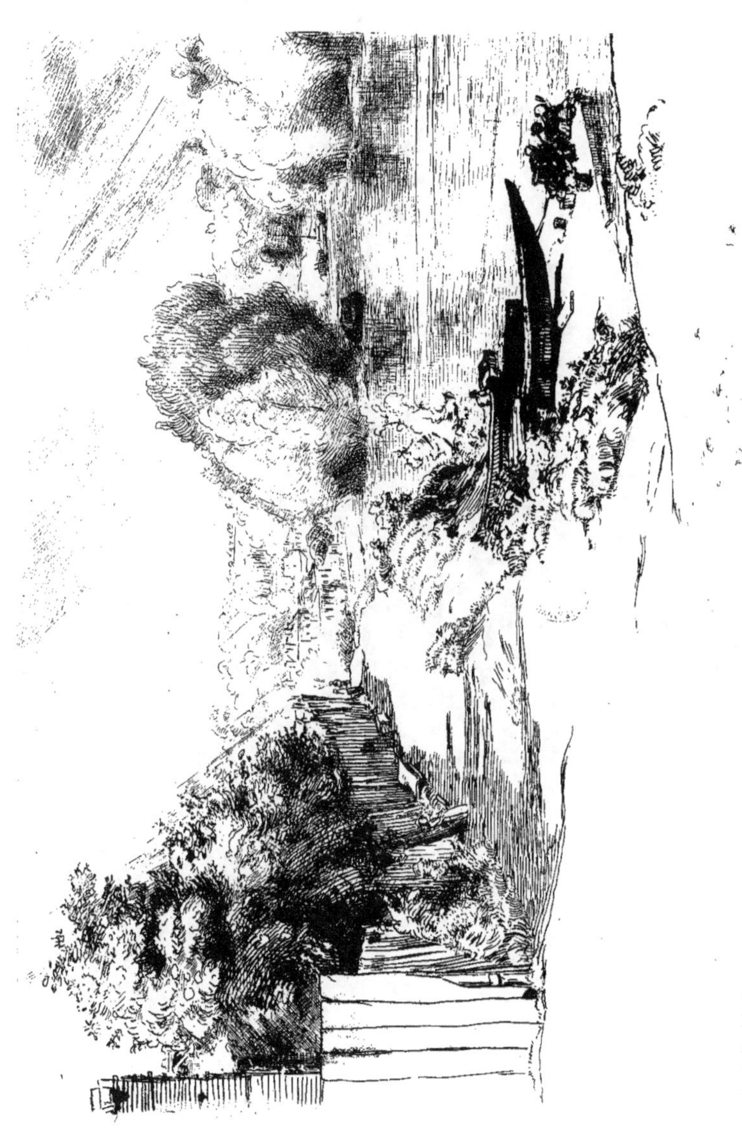

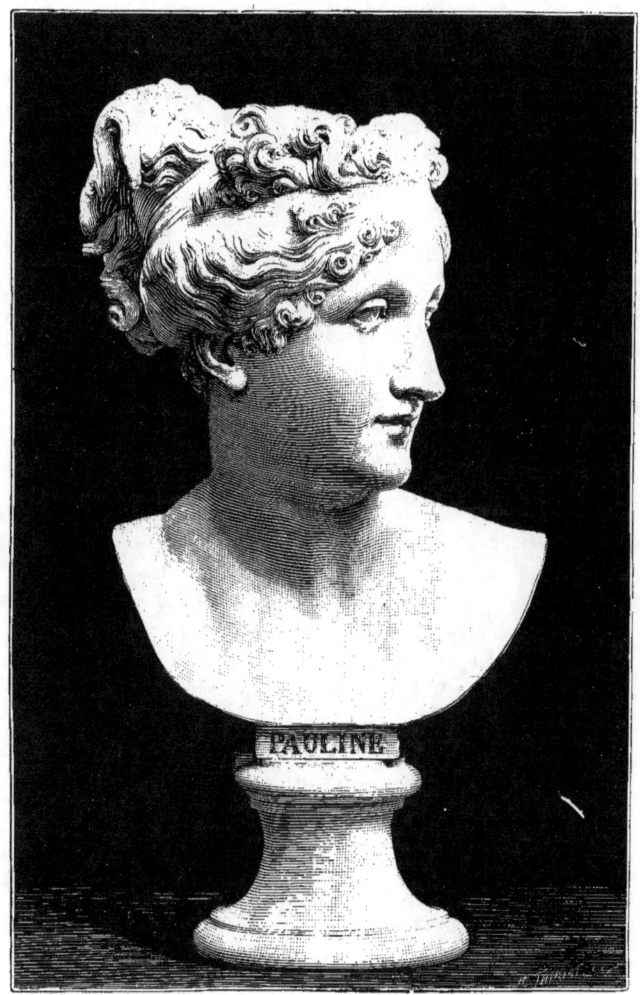

Buste de la Princesse Borghèse, née Pauline Bonaparte,
par Canova.

honneurs quasi diplomatiques. Deux fois il est appelé à Paris par
Napoléon, en 1802 et en 1810. Il séjourne successivement à Londres,
en Allemagne, à Vienne. Il est accablé de commandes ; mais son activité féconde ne se dément pas un seul instant. Lorsqu'il meurt, à
l'âge de soixante-cinq ans, en 1822, l'Europe est comme inondée de
ses œuvres. Canova n'a pas exécuté moins de 175 ouvrages complets,
dont 53 statues, 12 groupes, 14 cénotaphes, 8 grands monuments,
9 figures et groupes colossaux, 54 bustes, 26 bas-reliefs. La France ne
possède que fort peu de morceaux dus au ciseau du fameux statuaire.
Le Louvre montre, non sans orgueil, une de ses plus charmantes compositions : *Psyché s'abandonnant aux caresses de l'Amour*. La *Madeleine*
appartient à la comtesse de Sommariva. On voit à Rome, aux Saints-
Apôtres, le tombeau de *Clément XIV* ; à Saint-Pierre, celui de *Clément XIII*, le colosse de *Pie VI* et le monument élevé au *Cardinal
d'York* et au dernier des *Stuarts* ; à Florence, le mausolée d'*Alfieri* et
la *Vénus* ; à Vienne, le grand cénotaphe de l'*Archiduchesse Christine*,
dans l'église des Augustins, et le *Thésée*. La *Vénus couchée* de la
Villa Borghèse n'est autre qu'un portrait de la belle Pauline
Borghèse, dont il a reproduit plusieurs fois les traits, et la *Polymnie*,
celui de la princesse Élisa. Canova est enterré à Possagno, sa ville
natale, dans un temple dont l'artiste a donné lui-même le dessin.
Quatremère de Quincy et Cicognara ont célébré sa vie et ses
œuvres.

Le Danois Thorwaldsen n'est pas un élève direct de Canova, mais
il a certainement été impressionné par les œuvres du maître italien
dont il fréquenta l'atelier durant son séjour à Rome. Thorwaldsen et
Canova, comme le Florentin Bartolini, sont issus de la même source,
je veux dire des théories esthétiques de Winckelmann ; de là un air de
famille entre leurs œuvres. Thorwaldsen est un génie plus austère, et
ses productions, sévèrement classiques, s'inspirent davantage de
l'Antique. Elles ont conservé une partie de leur réputation, tout en
subissant les atteintes du temps et les changements inexorables de la
mode. Ce qu'il y avait de factice et de conventionnel en elles a certai-

nement vieilli; leurs qualités intrinsèques, telles que le grand goût qui
a présidé à leur élaboration et la science de leur exécution, seront

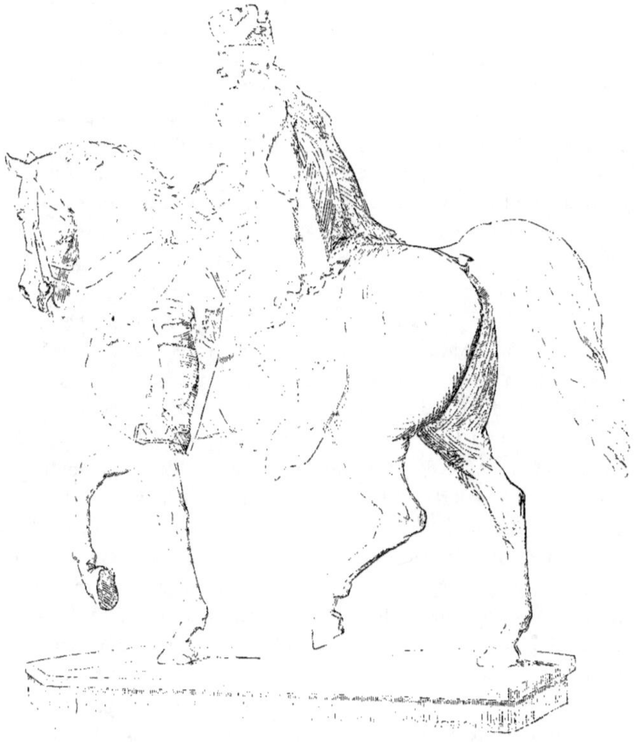

toujours à admirer[1], et, quoi qu'il advienne des destinées de l'art

1. Nous devons à l'obligeante communication de M. Eugène Plon les gravures qui
figurent ici : elles sont empruntées à son bel ouvrage sur Thorwaldsen. Les dessins,
d'une rare finesse, ont été exécutés par Ferdinand Gaillard.

académique, toujours dignes de respect. M. Eugène Plon a consacré
à l'étude de la vie et de l'œuvre de Thorwaldsen une monographie
excellente, complète et définitive.

Thorwaldsen a beaucoup produit. Ses œuvres principales se trouvent réunies dans le Musée Thorwaldsen, une des curiosités artistiques
de Copenhague; d'autres se trouvent à Rome, à Milan, à Cracovie,
à Munich. L'artiste avait une extrême rapidité de conception, servie
par une habileté manuelle incomparable. Sa création la plus connue
est à Lucerne; c'est le monument élevé à la mémoire des Suisses mas-
sacrés pendant la journée du 10 août 1792 : une figure colossale de
Lion mourant, sculptée dans le roc. Thorwaldsen est mort en 1844, à
l'âge de 65 ans.

Rauch est le plus grand sculpteur de l'Allemagne au xix° siècle.
Malgré qu'il ait vécu assez longtemps à Rome, en commerce avec
Canova et Thorwaldsen, Rauch est demeuré rebelle aux influences
latines. L'homme du Nord ne s'est pas laissé attendrir par les séduc-
tions du Midi. Le talent de Rauch est resté intégralement germanique
et réaliste, rude et fruste, ainsi qu'il convient à un homme du Brande-
bourg. Comme M. Adolphe Menzel, ses vrais maîtres sont Andreas
Schlüter, Chodowiecki et Gottfried Schadow; il appartient bien à
cette forte génération qui plonge ses racines dans le règne de Frédéric II. Il se soucie fort peu des allégories; ce qui l'intéresse, c'est la
statuaire iconique, c'est le portrait, et, de retour à Berlin, il s'empresse
d'oublier ses souvenirs de Rome. Sa réputation se fonde avec les statues de Scharnhorst, de Bülow et de Blücher, si remarquables par la
dignité de l'attitude, la simplicité de l'ajustement et la grandeur du
caractère, et avec la statue funéraire de la reine Louise de Prusse. Il
préludait ainsi au grand monument qui allait établir sa gloire sur des
assises inébranlables : le *Monument de Frédéric II*, l'ouvrage le plus
important de la sculpture germanique au xix° siècle. Tous ceux qui
ont visité Berlin ont admiré aux Tilleuls l'accent de vérité et la
force expressive qui animent ce groupe monumental où le vieux
« Fritz », avec sa figure narquoise, son dos voûté, les accessoires

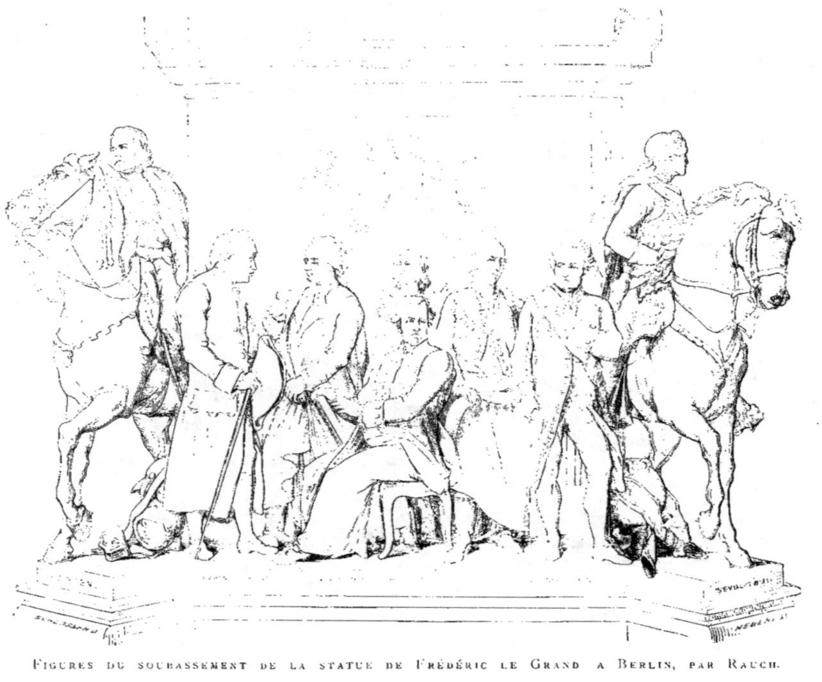

FIGURES DU SOUBASSEMENT DE LA STATUE DE FRÉDÉRIC LE GRAND A BERLIN, PAR RAUCH.

exacts de son costume historique, nous apparaît, vivante image, entouré de ses capitaines, de ses serviteurs et de tous les grands hommes de son règne.

Rauch a fait encore les statues de *Dürer*, de *Gneisenau* et d'*York*, un *Moïse en prière* et nombre de bustes. Il envoya à l'Exposition universelle de Paris, en 1855, une réduction de son *Frédéric II*. La médaille d'honneur, qu'il espérait, ne lui fut pas accordée. Rauch mourut en 1857, laissant un vide que M. Begas, son meilleur élève, et d'autres encore, en dépit de leur talent et des efforts récents qu'ils ont faits dans le sens réaliste, n'ont pas comblé.

L'Angleterre n'a jamais témoigné d'un tempérament personnel dans la pratique de la sculpture. Ce n'est que récemment que les œuvres de MM. Leighton, Bœhm, Thornycroft, Lee, Gilbert ont marqué un effort pour donner à l'art insulaire un caractère national.

Il en est de même de la Belgique, où l'école de sculpture, si elle se montre plus active, n'en est pas pour cela beaucoup plus originale. Le statuaire le plus remarquable de la Belgique contemporaine est assurément M. le comte de Lalaing, qui a du feu, de l'ampleur et un vif sentiment du pittoresque. Après lui il convient de citer les noms de MM. Vinçotte, Lambeaux, Van der Stappen, Leroy, Dillens et Paul de Vigne. Tous ces artistes, dont on a vu les œuvres à l'Exposition de 1889, appartiennent de près ou de loin à l'éducation classique; ils ont oublié que les Flandres avaient naguère donné le branle au grand mouvement naturaliste du XIVe siècle. M. Meunier seul, par une série d'ouvrages tirés de la vie des humbles, a essayé d'évoquer la sensation du simple et du vrai. Les figures du *Puddleur*, du *Vigneron au repos*, du *Grisou* ont une grandeur sévère qui fait songer à Millet.

En Italie, la virtuosité est monnaie courante, la production nombreuse et brillante; mais les visées manquent de hauteur, l'art de la sculpture, depuis Canova, est resté voué aux inventions faciles et aux tours de force du coup de ciseau. Il faut cependant faire exception en faveur de quelques hommes d'un vrai talent, comme Dupré, Vela, Monteverde, qui sont des praticiens éminents, et M. Gémito qui met

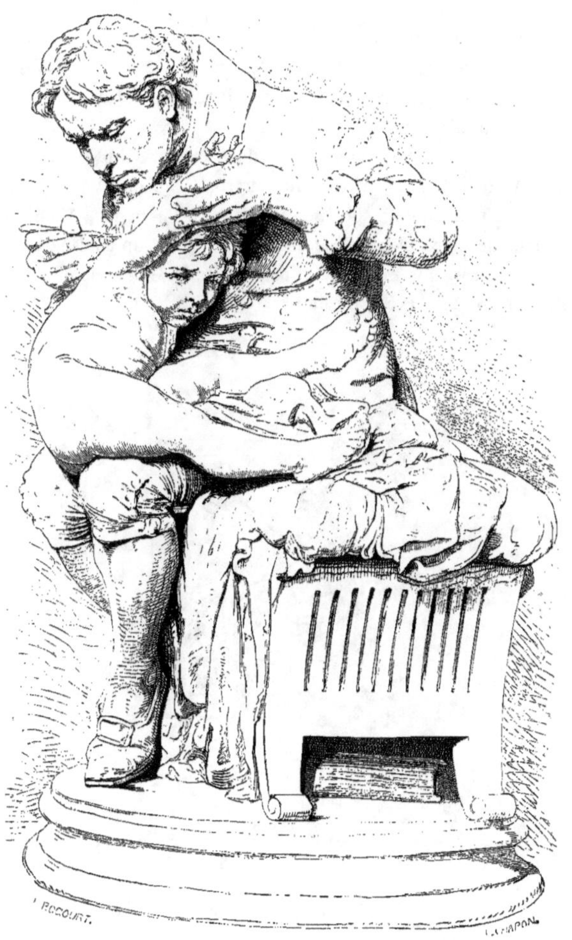

JENNER VACCINANT UN ENFANT, GROUPE PAR M. MONTEVERDE.

dans ses portraits infiniment d'esprit. Le *Napoléon mourant* de Vela, le *Jenner vaccinant un enfant* de Monteverde et le *Meissonier* de M. Gémito sont des morceaux d'une incontestable valeur et qu'il serait injuste d'oublier.

Je rappellerai enfin, en terminant, dans les écoles du Nord, les noms de M. Antokolsky, le célèbre sculpteur russe, qui enveloppe de belles et poétiques inventions sous des fioritures à l'italienne, M. Sinding, qui vient de se révéler au Salon de Paris, avec un chef-d'œuvre, et M. Hertzberg, qui modèle de petites études norvégiennes pleines d'expression, de verve et de naturel.

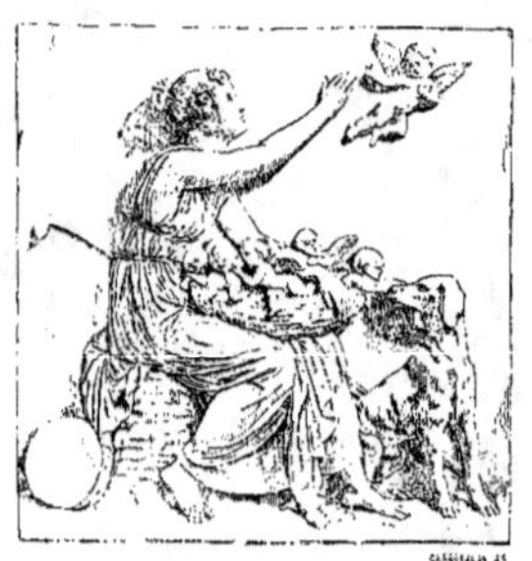

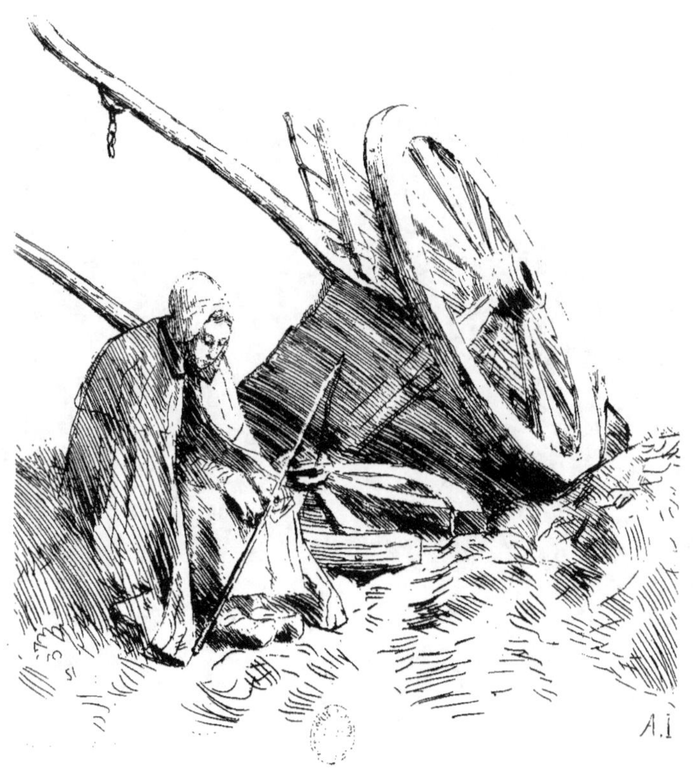

LA GRAVURE

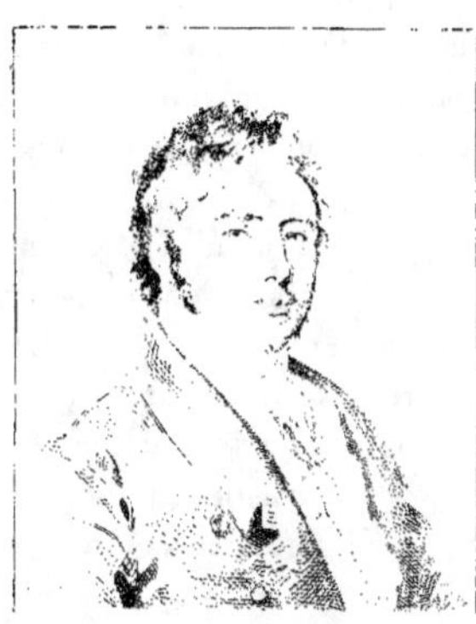

DESENNE, PAR HENRIQUEL-DUPONT.

Ce que nous disions de la supériorité et de la diversité des manifestations du génie de la France,
dans le domaine de la sculpture,
il faudrait le dire aussi à propos
du bel art si français de la gravure. Peut-être constaterait-on que
notre pays était resté inférieur à
l'Allemagne et à l'Italie jusque vers
le milieu du xvie siècle, encore que
l'ornementation des livres d'Heures
imprimés par Vérard, Pigouchet,
Simon Vostre, Geoffroy Tory ait
été pour elle une occasion sans
pareille de suprématie; mais à partir du grand essor de la librairie
illustrée, provoqué par les Jean de Tournes, les Plantin, les Janot,
les Étienne, les Vascosan, l'école française de gravure n'aura plus de
rivale; du milieu du xvie siècle jusqu'à nos jours, c'est un perpétuel
renouvellement, une incessante floraison, dont Étienne Delaulne, les
Wœiriot, Jean Duvet, Thomas de Leu, Claude Mellan, Morin, Nanteuil, Edelinck, les Audran, Pesne, Ficquet, Boucher, Saint-Aubin,
Moreau le Jeune, Debucourt, marquent les brillantes étapes. Elle n'a
eu, il est vrai, ni un Marc-Antoine, ni un Rembrandt; mais dans
la gravure de portrait, elle est unique, et c'est une incomparable suc-
cession de chefs-d'œuvre; de même dans l'illustration des livres par
la taille-douce. Elle crée les procédés de la gravure en couleurs, et à
part la gravure en manière noire des Anglais, elle est partout initia-
trice. Si elle n'invente pas la lithographie, elle fait immédiatement

sien le procédé nouveau et le conduit rapidement à ses dernières
conséquences ; si elle laisse à l'immortel auteur des *Caprices* et de la
Tauromachie, Francisco Goya, le soin de remettre l'eau-forte en
honneur, elle ouvre à ce genre de gravure des voies inconnues, elle
transforme enfin à miracle la vieille estampe sur bois. Le xix᷐ siècle
n'est donc pas demeuré en arrière de ses devanciers. Ce grand
siècle d'art a été une superbe époque pour la gravure française. Le
burin, la lithographie, le bois et l'eau-forte y ont tour à tour rayonné
du plus vif éclat.

Je serai, en raison de la brièveté de ce chapitre, induit à ne parler
que des chefs de file, des artistes originaux ; cela suffira, j'espère, pour
indiquer l'importance du mouvement et à faire ressortir son activité
diverse. Activité n'est même pas assez dire. Quand on parcourt les
douze volumes que M. Henri Béraldi a consacrés aux *Graveurs du
xix᷐ siècle* [1] on reste confondu du débordement torrentiel qui, depuis
cinquante ans, a popularisé l'estampe et en a fait un si puissant instrument de diffusion.

On sait ce qu'a valu le xviii᷐ siècle dans le maniement du burin.
L'habileté technique ne pouvait aller plus loin. Les burins clas-
siques de la fin du xviii᷐ et du commencement du xix᷐ marquent à la
fois l'apogée et le déclin d'une forme qui a dit tout ce qu'elle avait à dire.
Pierre-Alexandre Tardieu, l'avant-dernier de l'illustre dynastie des
Tardieu ; Raphaël Morghen, Bervic, le baron Boucher Desnoyers,
Urbain Massard, Morel, Laugier et tous les beaux burinistes du
premier Empire, sont les continuateurs et les héritiers directs des
Daullé, des Schmidt, des Wille, des Masquelier, des Baléchou. Ils
ont abondamment mis au jour des chefs-d'œuvre dont la haute tenue,
la perfection technique et le grand goût ne seront pas surpassés. Il
suffit de rappeler le *Saint Michel* de Tardieu, la *Vierge à la Chaise*
et la *Belle Jardinière* de Desnoyers, l'*Enlèvement de Déjanire* de

1. *Les Graveurs du XIX᷐ siècle*, par Henri Béraldi. Paris, Conquet, 12 vol. in-8°.

Bervic. la *Danse des Muses* de Massard. Jamais on n'avait manié
les tailles avec une plus scrupuleuse conscience, une plus noble con-

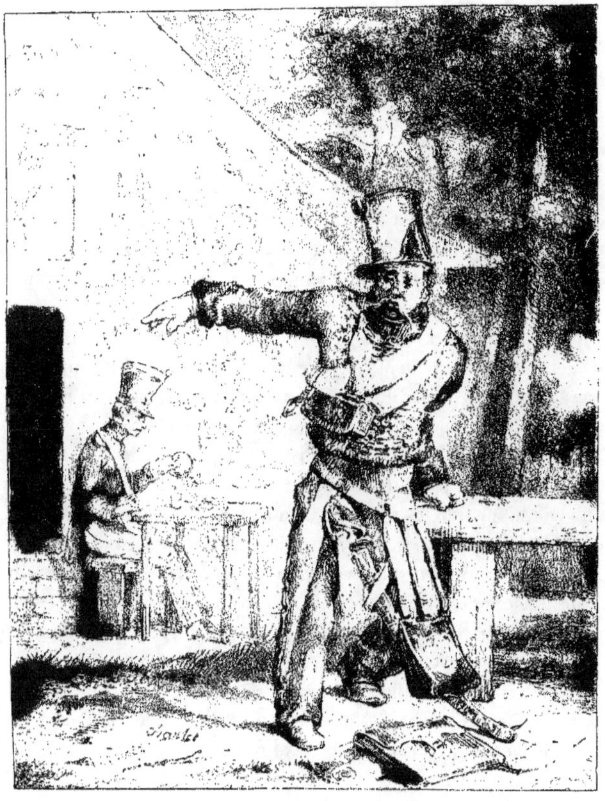

« UN HOMME QUI BOIT SEUL N'EST PAS DIGNE DE VIVRE », FAC-SIMILÉ
D'UNE LITHOGRAPHIE DE CHARLET.

viction. Mais on sent dans cette perfection même comme une vague
lassitude, comme un ralentissement progressif de tout effort spontané,

de toute audace originale. La vivacité charmante qui régnait encore sous Louis XVI s'est éteinte dans les trop sages et trop habiles pratiques de ces interprètes accomplis de l'art officiel. Il faut réagir. Déjà les pointillistes de l'estampe révolutionnaire, et surtout Copia et son élève Roger, admirables traducteurs des poétiques imaginations de Prud'hon, se sont affranchis, par les exquis effets de leur procédé spécial, de la monotonie des tailles renflées et entrecroisées à l'ancienne. Vienne un homme de tempérament et d'initiative, il s'empressera de réagir contre des formules appauvries. Ce novateur, ce *révolutionnaire*, qui nous apparaît aujourd'hui comme un conservateur et que la jeune école taxera plus tard d'académique, c'est Henriquel-Dupont, l'illustre maître qui vient de mourir, chargé d'ans et de gloire. Élève de Bervic, ayant par deux fois manqué le prix de Rome, en 1816 et en 1818, il adopta d'emblée un travail plus simple que son maître, remettant en honneur le principe qu'il faut laisser jouer le blanc du papier dans les fonds, qu'il faut dégager ses planches de l'accumulation des travaux accessoires, obtenir des effets vifs, spirituels, par l'appropriation et la diversité des méthodes, proclamant enfin que l'art du graveur est libre dans l'emploi des procédés et que la fin en tout justifie les moyens. C'étaient là, aux alentours de 1820, des vérités bien hardies. La clarté, l'esprit, le piquant de la touche resteront la marque distinctive des œuvres d'Henriquel. Alors que ses devanciers s'efforçaient de faire disparaître leur personnalité dans des traductions littérales et assagies, le jeune Henriquel n'hésitait pas à affirmer la sienne dans des interprétations où il écrivait avec décision le style particulier des originaux. Il grave, de cette manière indépendante, les œuvres les plus fameuses d'Ingres et de Paul Delaroche : le *Bertin*, le *Strafford*, le *Cromwell* et l'*Hémicycle*. Henriquel a été essentiellement le graveur des peintres vivants — autre originalité —, et il a été un incomparable graveur de portraits. Je dirai même que c'est par les plus rares et les plus éminentes qualités du graveur portraitiste qu'il occupe une place si élevée dans le Panthéon de l'art français. La liste est longue des chefs-d'œuvre qu'il a su

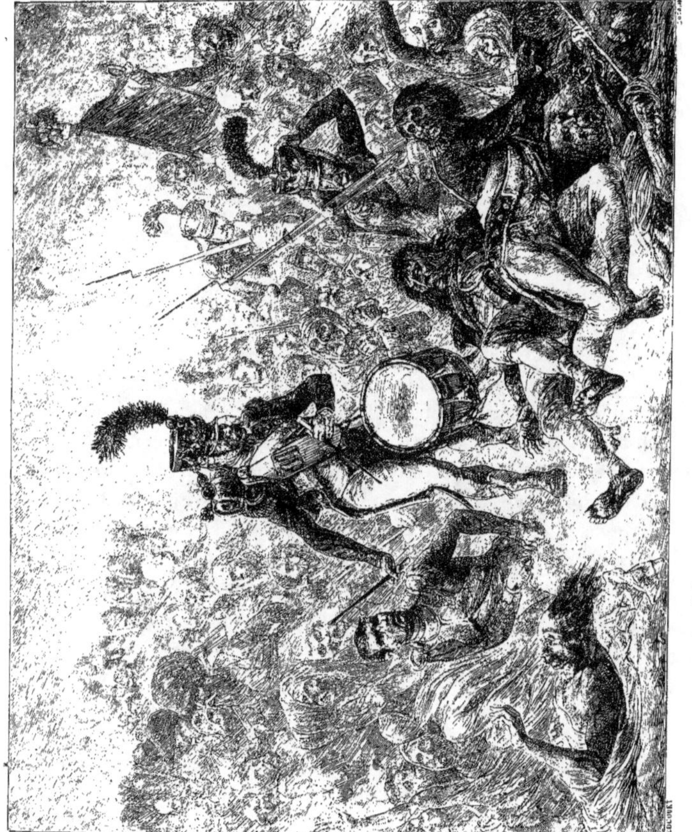

LE RÉVEIL, D'APRÈS UNE LITHOGRAPHIE DE RAFFET.

animer d'un sentiment profond, par les procédés les plus discrets et les
plus souples. Il en est deux surtout qui sont exquis : le *Sauvageot* et le
Carle Vernet. Henriquel avait le travail facile, rapide; il ne dédaignait
pas de se servir de procédés réputés alors quasi-insurrectionnels :
l'aquatinte, l'eau-forte pure. Il était président de la Société française
de gravure dont il avait rédigé les statuts; il a formé de nombreux élèves, — quelques-uns des meilleurs buristes de notre temps :
Alphonse François, Danguin, Levasseur, Didier, Bellay, Huot, les deux
Jacquet, Rousseaux. Il laisse derrière lui l'exemple d'une belle vie et
d'un beau caractère. L'influence d'Henriquel s'est fait sentir sur tout
le burin français, directement par l'enseignement ou indirectement par
les doctrines, étendant même son action sur l'étranger (Calamatta,
Mercuri). Le résultat le plus apparent des efforts du maître a été un
éclaircissement général des effets obtenus par la taille-douce. On
gravera clair désormais. Voyez la petite planche de la *Source* d'Ingres,
par Flameng, une des plus délicieuses productions de la gravure
moderne; voyez les belles œuvres de François, de Bertinot, de Huot,
de Rousseaux, de Jules et Achille Jacquet, de Didier, de Morse, les
grandes planches, si brillantes et si fraîches de M. Blanchard — un
surprenant virtuose — d'après Alma-Tadéma ; voyez même les
ouvrages des buristes purs, contemporains de jeunesse d'Henriquel,
comme les Forster, les Mercuri, les Calamatta, les Martinet. Tous
procèdent d'un sentiment plus fin, plus vibrant des colorations et de
la lumière. Il y a aussi dans le dessin l'affirmation de recherches
plus exactes, serrant de plus près la forme et le caractère.

Les mêmes influences, les mêmes inquiétudes ont vivifié la renaissance de l'eau-forte. A des titres très divers, mais qui marquent chez
chacun d'eux une rare personnalité, deux autres maîtres résument,
avec Henriquel, le mouvement de la gravure au xixe siècle. On les a
nommés : c'est Gaillard et Jacquemart, deux noms d'artistes que,
malgré leurs divergences, on aime à associer. Comme M. Flameng,
comme Rajon, comme M. Gaujean, comme tant d'autres, ils sont nés
à la *Gazette des Beaux-Arts*, ce conservatoire, ce musée de la gravure

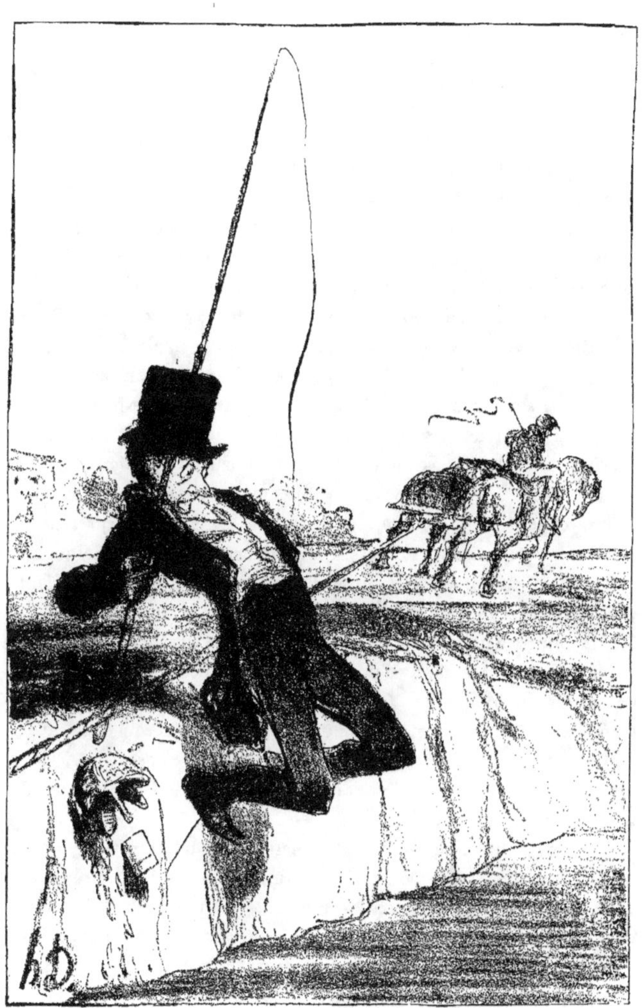

« Souvent l'on se trouve entraîné plus loin qu'on ne voudrait », fac-similé
d'une lithographie de Daumier.

française, dont l'action, depuis plus de trente ans, a été si considérable et si féconde sur le développement de l'estampe contemporaine.

C'est bien à la *Gazette* que revient l'honneur d'avoir encouragé, dans leurs débuts, Gaillard et Jacquemart, de les avoir soutenus dans leur maturité et tendrement suivis jusqu'à leur mort.

Ferdinand Gaillard, comme on l'a fort bien dit, « est déconcertant et unique[1] » : d'abord par ses procédés, qui tiennent à la fois de l'eau-forte et du burin, et qui, par leur variété, leur originalité, s'éloignent radicalement des traditions et des routes battues; par son style, d'une sincérité si rigoureuse, si persuasive; par ses dons naturels d'œil et de main, qui tiennent du miracle. Gaillard est assurément un des artistes les plus personnels du siècle. Ses portraits peints ou dessinés sont au plus haut point œuvres de musée; ils se distinguent par l'acuité de l'écriture et l'intensité pénétrante du sentiment physionomique. Ses gravures sont des entités vivantes, qui ont chacune leur organisme propre et leur individualité, car la hardiesse de ses interprétations réside en partie dans la diversité et l'indépendance des méthodes, variant selon le caractère du morceau à reproduire et s'appropriant par les plus subtiles manœuvres l'intime substance du modèle. Gaillard se montre à nous comme un penseur et un sensitif; chacune de ses gravures est la résultante d'une émotion fortement ressentie, d'une conviction indomptable. On sait ce qu'elles valent par l'infinie complexité du travail, mélange étonnant de burin, d'eau-forte et de pointe-sèche, où la finesse microscopique des tailles s'associe à la fermeté du style et aux partis de coloration, pour obtenir des effets décisifs et d'une éloquence irrésistible.

Sorti du peuple, fier et entier par nature, il a toujours été ennemi des compromis et des concessions. Aussi est-il resté solitaire. Né à Paris, en 1834, Gaillard, après les luttes et les tâtonnements inévitables de jeunesse, remporte le prix de Rome en 1856. Dès son arrivée à la Villa Medicis, il s'attaque à un primitif et grave, avec une recherche du détail qui est déjà pleine de promesses, le *Portrait de Jean Bellin*. Le

1. V. la *Gravure française*, par M. Alfred de Lostalot (*Gazette des Beaux-Arts*, 1889).

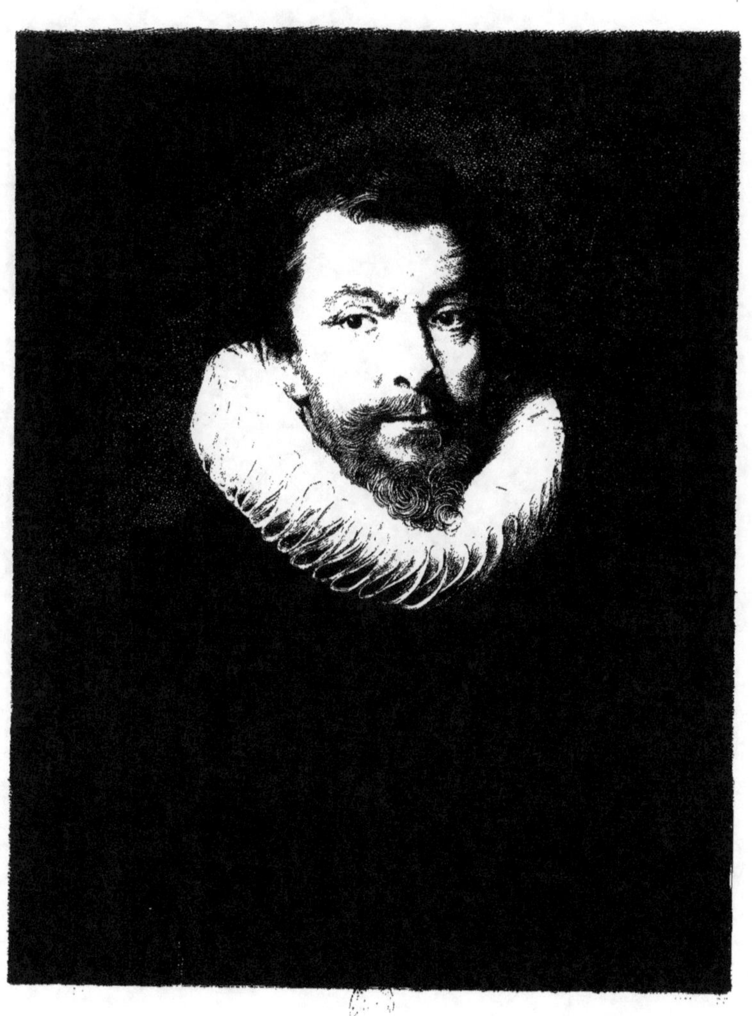

morceau est blond, monochrome, presque nuageux, avec une sorte de
fermeté intérieure, qui tient à l'étude attentive des dessous. Les préjugés régnants le font cependant refuser au Salon. Il faut, disions-nous

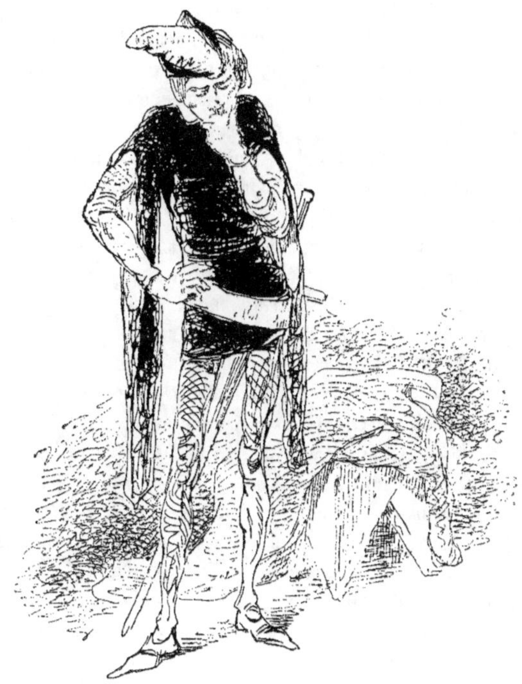

dans une étude nécrologique consacrée à l'artiste au lendemain de sa
mort[1], considérer l'étrangeté mystérieuse du regard; il y a là comme
une indication préparatoire de cette force incisive qui fait des yeux de
l'*Antonello*, du *Dom Guéranger*, du *Léon XIII*, des réalisations si

1. *Gazette des Beaux-Arts*, 1887.

Ch. — t. V.

profondes de puissance morale. Revenu à Paris, il poursuit ses études de dessin en contact avec le peintre Sellier, un artiste délicat, épris de sensations fines, curieux de l'art des vieux maîtres naïfs. En 1865, Gaillard se révèle brusquement comme un maître de premier ordre avec la planche du *Condottiere*, d'après Antonello de Messine, parue dans la *Gazette des Beaux-Arts*. Il marchera désormais de chef-d'œuvre en chef-d'œuvre, se concentrant dans un petit nombre de productions espacées où il met tout son cœur, tout son enthousiasme, tout son talent, et toutes les audaces d'un métier extraordinaire. L'individualité de Gaillard a trouvé sa voie dans la traduction de ces maîtres de la forme qui s'imposent par l'inflexible probité du dessin, de ces primitifs exquis dont personne jusque-là n'avait su rendre la concision délicate, la sincérité profonde. Il va donc graver la *Vierge et l'Enfant Jésus* de Botticelli, le *Gattamelata* de Donatello, l'*Œdipe* d'Ingres, l'*Homme à l'œillet* de Van Eyck, la *Vierge de la maison d'Orléans* de Raphaël, le *Crépuscule* de Michel-Ange, la *Tête de cire*. Il exécutera les prodigieux portraits de *Dom Guéranger* et de *Léon XIII*, que les collectionneurs placeront un jour à côté des admirables créations de Mellan, de Morin, de Nanteuil. Il s'attaquera enfin, en élargissant son cadre et sa manière, au *Saint Georges* de Raphaël, aux *Pèlerins d'Emmaüs* de Rembrandt, au *Saint François d'Assise* de Fra Angelico. Lorsque la mort vint le surprendre, il avait commencé à se mesurer avec la *Joconde* et la *Cène* de Léonard.

L'œil de graveur de Gaillard est l'équivalent de celui de Meissonier peintre. Peut-être est-il plus surprenant encore. Et la main! Qui eût osé prévoir un jeu de tailles d'une si impondérable et flexible ténuité? Pour la finesse, l'*Homme à l'œillet* dépasse tout; mais c'est dans l'interprétation du *Crépuscule* de Michel-Ange, que le graveur me semble avoir dépensé le plus d'audace, de génie et de sobre énergie. L'estampe est là sous les yeux du lecteur; il est aisé de voir de quelle façon le graveur s'est acquitté d'une tâche redoutable et comment il a su exprimer la grandeur colossale, le sentiment passionné et dramatique de ce marbre sublime. Gaillard a traité sa planche comme une maquette de cire, modelant peu à peu, à petits coups martelés, ce torse frémissant, cette poitrine qui respire.

Jules Jacquemart est aux antipodes de Gaillard. Chez lui nul

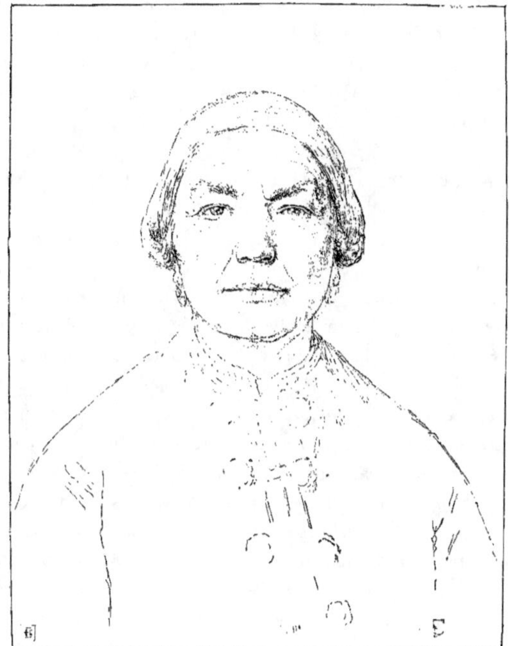

Portrait de M᷉ᵉ Gaillard, par F. Gaillard.

effort; ses talents sont vraiment de nature et coulent de source avec une abondance charmante. Aquafortiste pur, il n'a pas d'ancêtres et ne relève que de lui-même; il s'est créé de toutes pièces un genre où il a atteint du coup la perfection. Nul n'a gravé d'une main si légère, avec cette fidélité et cet éclat, l'esprit, la matière et la couleur des choses.

Comme Gaillard et pour d'autres raisons, il est unique et vraisembla-
blement le restera. En lui, également, tout était neuf, original et osé :
son style, ses moyens d'exécution aussi bien que le champ où ils se
sont exercés. Il est le roi de l'eau-forte moderne ; il a touché avec une
égale maîtrise à tous les genres : le portrait, le paysage, la nature-
morte, la fantaisie ; mais c'est dans la traduction des objets d'art,
surtout de ceux qui ont du brillant et de la couleur, et dans celle
des tableaux qu'il est souverain.

Né à Paris en 1837, il est mort en 1880, à l'âge de quarante-trois
ans. Dans le court espace de vingt ans, il a produit un œuvre immense:
tout près de 400 pièces, sans compter des dessins de tous genres et
d'admirables aquarelles. Sa première planche, *Une Brocca italienne*,
parue dans la *Gazette des Beaux-Arts*, date de 1859; ses dernières,
la *Table en bois sculpté de style Louis XVI*, parue également dans
la *Gazette*, et la grande planche de la *Joconde*, témoignent encore
d'une vaillance que la maladie n'avait pu abattre. Entre ces deux
pôles, c'est un éblouissant défilé de merveilles. Faut-il rappeler les
Bijoux étrusques du Musée Campana (1863), les planches de porcelaines
pour l'*Histoire de la Porcelaine* d'Albert Jacquemart, les *Gemmes et
joyaux de la Couronne* pour le bel ouvrage de M. Barbet de Jouy, le
Soldat et la fillette qui rit de Van der Meer, les armes du comte
de Nieuwerkerke, les reliures pour l'*Histoire de la Bibliophilie*, les
Médailles américaines, le *Liseur* de Meissonier, le *Moïse* pour l'*Œuvre
et la Vie de Michel-Ange*? Tous ces chefs-d'œuvre sont bien connus ;
on peut les voir au Cabinet des Estampes, avec l'œuvre entier du
maître, celui même que l'artiste avait formé avec une incomparable
sollicitude. Pour moi, les soixante et une pièces des *Gemmes et joyaux*
forment le point culminant de l'œuvre; leur apparition restera un événement mémorable dans l'histoire de l'eau-forte. L'artiste, emporté par
la fièvre d'une véritable inspiration, oublie toutes les formules; il n'a
en face de lui que l'objet ; il ne voit plus que des formes, des facettes,
des éclats de lumière, des ombres chaudes, des transparences, des
reflets mouvants. Il suit le ciselet de l'orfèvre dans ses méandres

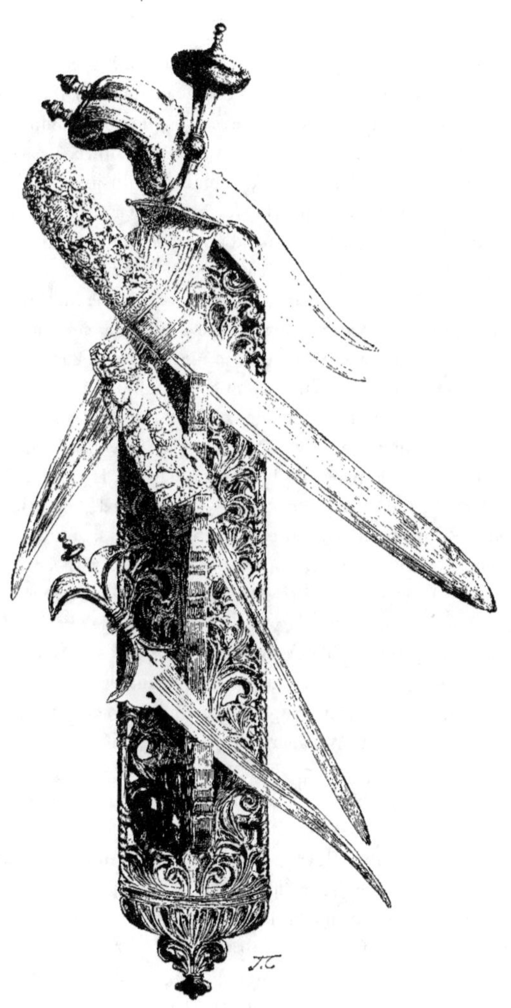

ARMES ORIENTALES, ÉTUDE A LA PLUME, PAR JULES JACQUEMART.

capricieux, il allume les prismes des pierreries qui chatoient au milieu
de l'or, il fait jouer le soleil à travers les cristaux, il illumine leurs
fines intailles, luttant corps à corps avec chaque objet comme avec un
problème nouveau, interrogeant son style, son histoire, son caractère,
pour faire jaillir sa vie secrète en une magique illusion.

L'exemple donné par Jules Jacquemart et par un autre maître de
l'eau-forte, Bracquemond, anima d'une magnifique impulsion cette
branche de la gravure. Déjà les eaux-fortes de peintre, comme celles
de Rousseau, de Jacque, avaient donné le branle. Ce fut brusquement
un épanouissement. On vit surgir une armée de gens habiles, de
virtuoses de la pointe, qui ont créé le marché de l'estampe moderne
en faisant naître comme par enchantement une nouvelle couche de
collectionneurs : Rajon, un délicieux artiste, dont il suffira de noter
le splendide *Darwin*, d'après Ouless, et la *Vieille femme*, d'après Rembrandt ; Léopold Flameng, Boilvin, Laguillermie, Hédouin, Waltner,
Chauvel, le génial interprète de Corot ; Guérard, si varié en ses
méthodes, si finement original en ses intentions, si savoureux lorsqu'il
interprète l'Extrême-Orient ; Courtry, Lalauze, Géry-Bichard, Buhot,
Desboutins, Legros, un maître puissant, qui, avec quelques portraits,
occupera toujours une place à part dans l'estime des vrais amateurs ;
puis Gaujean, l'inimitable et précieux Gaujean, sans rival dans la
traduction des primitifs, de bonne foi intraitable et en possession
d'une délicatesse d'outil qui rappelle par instants celle de Gaillard ; à
l'étranger enfin, Goya, Wisthler, Unger et Kœpping.

Ce grand développement de l'eau-forte a coïncidé avec la décadence de la lithographie. C'est dommage. L'eau-forte a plus de nerf et
de brio ; mais la lithographie a plus de grâce, de souplesse et de
moelleux. Les peintres devraient y revenir. La lithographie, à son
apparition, fut accueillie avec une immense faveur ; les artistes
l'adoptèrent comme un moyen libre et direct de traduire leur pensée ;
les caricaturistes en firent leur instrument de prédilection ; l'histoire
de l'estampe française lui doit quelques-unes de ses plus éclatantes
personnalités : Prud'hon, Géricault, Delacroix, Ingres, Decamps,

Vernet, Charlet, Devéria, Daumier, Gavarni, Raffet, Henry Monnier, Fantin-Latour, noms illustres auxquels il convient d'ajouter ceux, plus modestes, d'Aubry Lecomte, Sudre, Gilbert, Sirouy, Vernier,

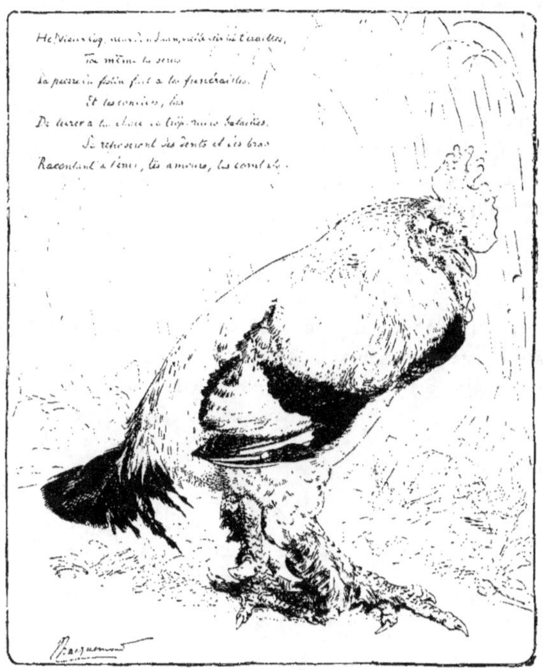

ÉTUDE DE COQ, PAR M. BRACQUEMOND.

Jules Laurens, et ceux des maîtres de l'affiche moderne, Chéret, Choubraque, Grasset.

Delacroix y a mis une passion fulgurante. Ses suites de *Faust* et d'*Hamlet* sont des monuments grandioses; Charlet a apporté dans ses scènes militaires une bonhomie charmante et non égalée; Gavarni a

tiré des féminines élégances un feu d'artifice dont l'éclat dure encore.
Mais c'est Daumier, le grandissime Daumier, et surtout Raffet qui ont,
fait de la lithographie un des plus nobles moyens d'expression de la
gravure. Daumier est gigantesque comme Balzac; son œuvre résume
la comédie humaine; jamais on ne saura trop louer la mâle vigueur
de son dessin, la décision de ses accents à l'emporte-pièce, la profon-
deur de ses imaginations, l'ampleur vivante qui anime ses personnages.
De même Raffet, l'auteur de la *Revue des Morts*, longtemps méconnu,
aujourd'hui en sa gloire, Raffet qui a révolutionné et créé, pour
ainsi dire, la peinture militaire, en la dramatisant, en la vivifiant par
l'observation scrupuleuse de l'histoire et un admirable sentiment de
l'action.

Daumier était né en 1808, Raffet en 1804. Comme chez Barye,
comme chez Rude, Delacroix, Millet ou Berlioz, on sent en eux vibrer
l'âme française dans ce qu'elle a de plus noble et de plus fier. Comme
tous les artistes supérieurs, ils ont eu le sens de la vie, l'amour du
vrai, la religion de la sincérité et cette ardeur vibrante qui rayonne
sur les cœurs et les enchaîne avec une autorité irrésistible.

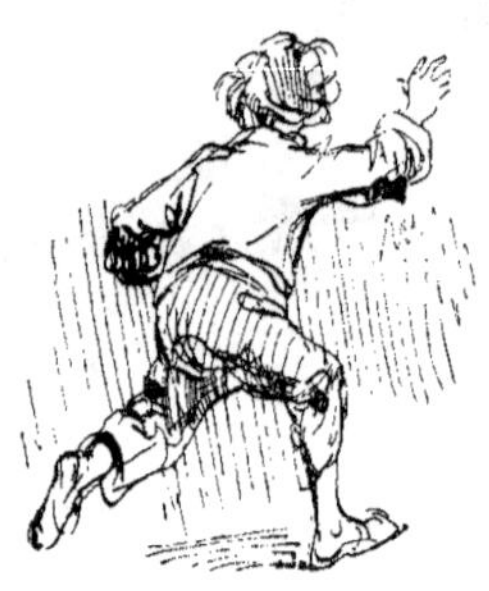

TABLE DES GRAVURES

FIN DE LA TABLE DES GRAVURES

TABLE DES PLANCHES HORS TEXTE

FIN DE LA TABLE DES PLANCHES HORS TEXTE

TABLE ALPHABÉTIQUE

DES ARTISTES APPRÉCIÉS DANS LES 5 VOLUMES DE L'OUVRAGE[1]

1. Le tome I porte pour titre particulier : *L'École française, de David à Delacroix*; le tome II : *L'École française, de Delacroix à H. Regnault*; le tome III : *La Peinture française actuelle*; le tome IV : *La Peinture étrangère au xixe siècle*; et le tome V : *La Sculpture et la Gravure au xixe siècle*.

FIN DE LA TABLE ALPHABÉTIQUE

Sceaux. — Imprimerie Charaire et Cie.